D1585595

Cymru

a

Phrydain

yn y Byd Canoloesol

tua 1000 – tua 1500

Hefin Mathias

Hodder & Stoughton
A MEMBER OF THE HODDER HEADLINE GROUP

Cydnabyddiaethau

Llun y clawr: Portread o Siôn Cent, o gasgliad preifat

Hulton Deutsch Collection 4a; Michael Holford Photographs 10a, 12a; Bwrdd Croeso Cymru 17ch, 21b; Hunting Aerofilms Limited 18c; Photographie Bulloz 25dd; Llywydd a Chymrodyr Coleg Corpus Christi, Rhydychen 26a (CCC MS 157 f.382-383); Trwy ganiatâd y Llyfrgell Brydeinig 27ch (Harri II yn dadlau gyda Thomas Becket), 29d (croesgadwr o'r drydedd ganrif ar ddeg, MS 2A XXII f.220), 49c (llun o warchae Mortagne o'r *Chronicle d'Angleterre*, MS Royal 14 EIV f.23), 50b (delwedd o'r Marw Du, MS Arundel 83 f.127), 53d (y Brenin Rhisiart II yn cwrdd â Wat Tyler yn Smithfield, MS Royal 18 EI f.175), 60b (llun o'r llafurwr o'r *Luttrell Psalter*, Add 42130 f.170), 61c (llun o William Herbert), MS Royal 18 DII f.6); La Bibliothèque Nationale 28a (MS 9087 f.85v), 30c (Fr 2620 f.22v); Mirror Syndication International ⓑ Macmillan/Aldus 30ch; Mary Evans Picture Library 32a; Pennaeth a Chymrodyr Coleg Corpus Christi, Caer-grawnt 32b (CCC MS 16 f.44v), 55e (CCC MS 61); The Royal Collection ⓑ Ei Mawrhydi y Frenhines 37c (MS Harl 1319 f.57); Cyngor Dinas Caerdydd 39ff; Cadw: Henebion Hanesyddol Cymreig. Hawlfraint y Goron. 42a, 42b, 43c, 58a, 58ch; llun gan Arthur Morus 45dd; Ymddiriedolaeth Archaeolegol Morgannwg Gwent Cyfyngedig 46a; Hefin Mathias 47ch, 47d; The Ancient Art and Architecture Collection 48a; Archesgob Caer-gaint ac Ymddiriedolwyr Llyfrgell Palas Lambeth 54c; Llyfrgell Genedlaethol Cymru 57ch.

Ni fu'n bosibl olrhain perchennog pob llun yn y llyfr hwn. Gwahoddir y perchenogion hynny i gysylltu â'r Ganolfan Astudiaethau Addysg.

Paratowyd y fersiwn Cymraeg gan y Ganolfan Astudiaethau Addysg, Prifysgol Cymru, Aberystwyth.

LLYFRGELL DEITHIOL YSGOLION CEREDIGION

Manylion Catalogio cyhoeddi (CIP) y Llyfrgell Brydeinig

Y mae cofnod catalog ar gyfer y cyhoeddiad hwn ar gael o'r Llyfrgell Brydeinig

ISBN 0340 63150 3

Cyhoeddwyd gyntaf 1996

Cyhoeddir y gyfrol hon gyda chefnogaeth ariannol Awdurdod Cwricwlwm ac Asesu Cymru.

Cysodwyd gan Y Ganolfan Astudiaethau Addysg, Prifysgol Cymru, Aberystwyth
Argraffwyd ym Mhrydain i Hodder & Stoughton Educational, adran o Hodder Headline Plc, 338 Euston Road, Llundain NW1 3BH gan Cambridge University Press, Caer-grawnt

Cynnwys

I $\mathcal{P}$a fath o wledydd oedd Cymru a Lloegr yn 1000?

Origins: Leaving Your Mark
May 10th – October 2nd
National Museum Cardiff
Cathays Park, Cardiff CF10 3NP
Telephone: 029 2039 7951
www.museumwales.ac.uk

As in England, the introduction of the Roman alphabet in Wales was a watershed in the country's history – marking, arguably, the moment of its transition from prehistory to history. This examination of the origins of the Roman alphabet also explores writing in Roman Wales, both public and official texts, within the broader context of writing and its uses in the Roman world.

A Llun o Gerallt

Llyfr am Gymru yn yr Oesoedd Car[...] [...]n yn gyfnod gwahanol iawn i'n cyfnod [...] [...]om ni am y ffordd o fyw a'r digwyddiadau a f[...] [...]n? Mae llawer iawn o'n gwybodaeth wedi ei s[...] [...]nodd dyn o'r enw Gerallt Gymro.

Dyma lun o Gerallt (ffynhonnell A [...] [...]hen **lawysgrif**. Yn 1188 aeth ar daith trwy [...] [...]daith, ysgrifennodd ddau lyfr, *Hanes y Daith trwy Gymru* a *Disgrifiad o Gymru*. Mae'r llyfrau hyn yn ffynonellau uniongyrchol; cawson nhw eu hysgrifennu adeg y digwyddiadau.

Roedd Gerallt yn byw yn ystod y ddeuddegfed ganrif, tua 1200 o flynyddoedd wedi geni Crist. Pa fath o wledydd oedd Cymru a gweddill Prydain 200 mlynedd cyn hyn, yn y flwyddyn 1000?

> *Mae'r Cymry yn bobl chwimwth ac ysgafndroed, yn ffyrnig yn hytrach na chryf, ac wedi eu hymroi yn llwyr i'r arfer o gario arfau. Fe'u hyfforddir bob un ar gyfer rhyfela.*

B Disgrifiad Gerallt o bobl Cymru

---

1 Eglurwch, yn eich geiriau eich hun, ystyr y geiriau 'ffynhonnell uniongyrchol'.

2 (a) Yn ôl ffynhonnell B, pa fath o bobl oedd y Cymry?
   (b) Ym mha fodd mae'r map o Gymru a'r wybodaeth a roddir am Gymru yn cadarnhau disgrifiad Gerallt Gymro?

3 Darllenwch y disgrifiadau isod, yna ticiwch y bocs o dan y gwledydd sy'n cyfateb i'r disgrifiadau hyn.

	Lloegr	Cymru	Iwerddon	Yr Alban
Gwlad Gristnogol				
Gwlad unedig				
Gwlad ranedig				
Gwlad Geltaidd				
Gwlad a oresgynnwyd gan y Llychlynwyr				

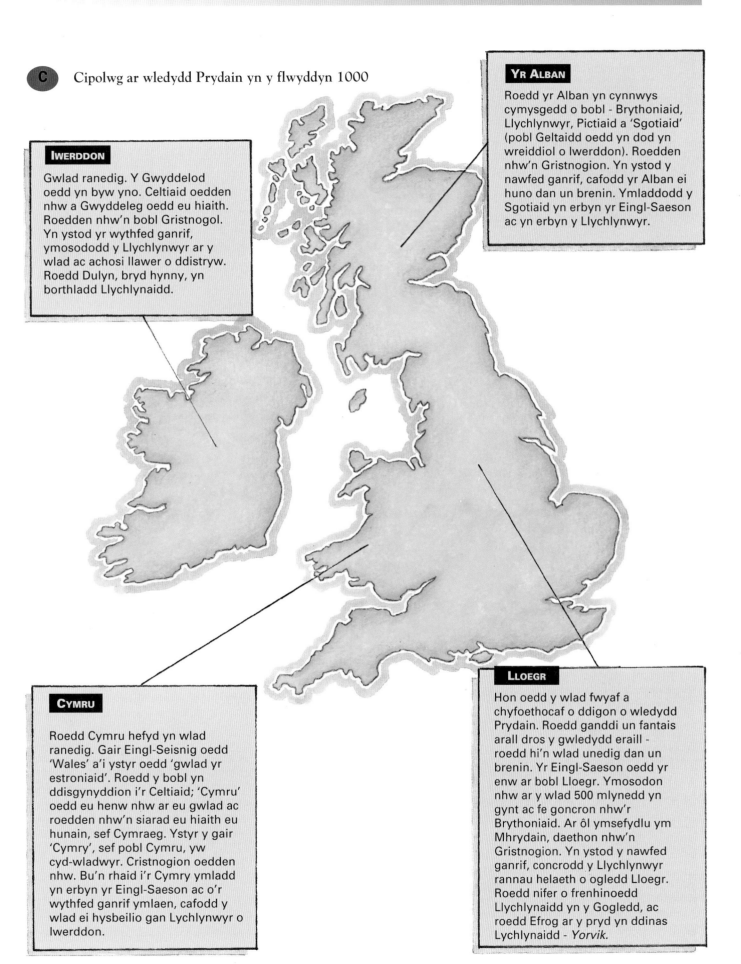

C Cipolwg ar wledydd Prydain yn y flwyddyn 1000

YR ALBAN

Roedd yr Alban yn cynnwys cymysgedd o bobl - Brythoniaid, Llychlynwyr, Pictiaid a 'Sgotiaid' (pobl Geltaidd oedd yn dod yn wreiddiol o Iwerddon). Roedden nhw'n Gristnogion. Yn ystod y nawfed ganrif, cafodd yr Alban ei huno dan un brenin. Ymladdodd y Sgotiaid yn erbyn yr Eingl-Saeson ac yn erbyn y Llychlynwyr.

IWERDDON

Gwlad ranedig. Y Gwyddelod oedd yn byw yno. Celtiaid oedden nhw a Gwyddeleg oedd eu hiaith. Roedden nhw'n bobl Gristnogol. Yn ystod yr wythfed ganrif, ymosododd y Llychlynwyr ar y wlad ac achosi llawer o ddistryw. Roedd Dulyn, bryd hynny, yn borthladd Llychlynaidd.

CYMRU

Roedd Cymru hefyd yn wlad ranedig. Gair Eingl-Seisnig oedd 'Wales' a'i ystyr oedd 'gwlad yr estroniaid'. Roedd y bobl yn ddisgynyddion i'r Celtiaid; 'Cymru' oedd eu henw nhw ar eu gwlad ac roedden nhw'n siarad eu hiaith eu hunain, sef Cymraeg. Ystyr y gair 'Cymry', sef pobl Cymru, yw cyd-wladwyr. Cristnogion oedden nhw. Bu'n rhaid i'r Cymry ymladd yn erbyn yr Eingl-Saeson ac o'r wythfed ganrif ymlaen, cafodd y wlad ei hysbeilio gan Lychlynwyr o Iwerddon.

LLOEGR

Hon oedd y wlad fwyaf a chyfoethocaf o ddigon o wledydd Prydain. Roedd ganddi un fantais arall dros y gwledydd eraill - roedd hi'n wlad unedig dan un brenin. Yr Eingl-Saeson oedd yr enw ar bobl Lloegr. Ymosodon nhw ar y wlad 500 mlynedd yn gynt ac fe goncron nhw'r Brythoniaid. Ar ôl ymsefydlu ym Mhrydain, daethon nhw'n Gristnogion. Yn ystod y nawfed ganrif, concrodd y Llychlynwyr rannau helaeth o ogledd Lloegr. Roedd nifer o frenhinoedd Llychlynaidd yn y Gogledd, ac roedd Efrog ar y pryd yn ddinas Lychlynaidd - *Yorvik*.

Y gwahanol grwpiau o bobl yng Nghymru

(uchod) **Y BRENIN**

Roedd disgwyl iddo amddiffyn ei deyrnas yn erbyn ymosodwyr ac arwain ei ddynion ar faes y gad. Yn gyfnewid am hyn, gallai'r brenin a'i osgordd gael bwyd a llety mewn unrhyw ran o'r deyrnas yn rhad ac am ddim. Gallai hefyd dderbyn anrhegion ar ffurf tir neu anifeiliaid. Yng Nghymru, câi teyrnasoedd yn aml eu rhannu rhwng meibion disgynyddion yr hen frenin.

(uchod) **DISTAIN, OFFEIRIAD, PENCERDD, YNAD**

Byddai gan y brenin amryw o swyddogion i'w helpu i reoli'r wlad. Bydden nhw'n byw gydag ef yn y llys. Dim ond gwŷr rhydd allai fod yn swyddogion i'r brenin.

Golwg fanylach ar Gymru

Roedd Cymru wedi ei rhannu yn nifer o deyrnasoedd. Y prif rai oedd Gwynedd, Powys, Deheubarth, Morgannwg a Gwent. O fewn pob **teyrnas**, roedd y brenin yn berson pwysig iawn. Byddai pawb yn ei edmygu (gweler ffynhonnell A).

Yn ystod y ddegfed ganrif, llwyddodd y brenin Hywel ap Cadell, a oedd yn cael ei adnabod fel Hywel Dda, Brenin y Deheubarth i ddod â Chymru gyfan bron dan ei reolaeth. Yn ôl traddodiad diweddarach, cynhaliodd Hywel gyfarfod pwysig yn Hendy-gwyn ar Daf lle cafodd **deddfau** Cymru eu cofnodi. Fe'u gelwir yn Ddeddfau Hywel Dda. Yn ôl y deddfau hyn, roedd tri math o drosedd: llofruddio, arswn a dwyn. Câi troseddwyr eu cosbi drwy gael eu gorfodi i dalu iawndal neu 'galanas'. Roedd teulu'r troseddwr yn gyfrifol am dalu'r galanas, yn ôl eu perthynas â dioddefwr y drosedd.

Ond ni fu Cymru'n unedig am gyfnod hir. Yn ystod y blynyddoedd yn dilyn marwolaeth Hywel Dda yn 949, cafodd dros 25 o frenhinoedd eu lladd ar faes y gad, tynnwyd llygaid pedwar brenin arall ac fe daflwyd pedwar arall eto i'r carchar.

Llwyddodd un o'r brenhinoedd hyn, fodd bynnag, i uno Cymru unwaith eto. Ei enw oedd Gruffudd ap Llywelyn. Fe feddiannodd

(uchod) **GWŶR RHYDD**

Roedden nhw'n ddynion o waed pur Cymreig. Roedd ganddyn nhw hawl i hela, marchogaeth ac ymladd ar faes y gad.

(uchod) **TAEOGION**

Byddai'r taeogion neu'r gwŷr caeth yn byw bywyd caled iawn. Ni allen nhw adael eu hardaloedd heb ganiatâd. Byddent yn gweithio yn y caeau yn gofalu am yr anifeiliaid. Roedd yn rhaid iddyn nhw hefyd gynhyrchu bwyd ar gyfer y brenin a'r gwŷr rhydd.

Wynedd, Powys a Deheubarth. Ymladdodd yn ogystal yn erbyn y Saeson ac yn 1056 gorfododd Frenin Lloegr, Edward Gyffeswr, i gwrdd ag ef ar delerau cyfartal. Yn y pen draw, cafodd Gruffudd ei fradychu gan ei ddynion ei hun a'i ladd yn 1063.

Lladdwyd Gruffudd ap Llywelyn, pen a tharian ac amddiffynnwr y Cymry, drwy ddichell ei ddynion ei hun.

B Gerallt Gymro: *Disgrifiad o Gymru*

Lladdwyd Gruffudd, brenin y Cymry, gan ei bobl ei hun ar 5 Awst 1063, ac fe anfonwyd ei ben a phig ei long gyda'i addurniadau at yr Iarll Harold, a'u hanfonodd hwy at y Brenin Edward.

C Dyfyniad o *Cronicl yr Eingl-Saeson*

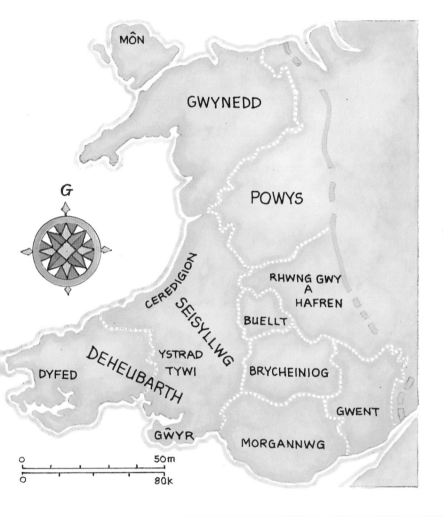

Ch Map o Gymru yn dangos y gwahanol deyrnasoedd yn 1000

---

1 Pam, yn eich barn chi, y bu i'r Brenin Hywel gael ei alw'n Hywel Dda?

2 (a) Eglurwch ystyr y geiriau 'gŵr rhydd' a 'gŵr caeth'.
   (b) Ym mha fodd roedden nhw'n wahanol i'w gilydd?

3 (a) Eglurwch, yn eich geiriau eich hun, pam roedd y ddeddf a oedd yn ymwneud â thir y brenin yn ei gwneud hi'n anodd i uno Cymru?
   (b) Pam fyddai brenin Cymreig eisiau concro teyrnasoedd eraill?

4 (a) Ym mha fodd mae *Cronicl yr Eingl-Saeson* yn cefnogi'r hyn mae Gerallt yn ei ddweud ynglŷn â marwolaeth Gruffudd ap Llywelyn?
   (b) Pa wybodaeth ychwanegol a roddir yn *Cronicl yr Eingl-Saeson*?

5 Rydych chi'n uchelwr sy'n byw yng Nghymru yn ystod teyrnasiad Hywel Dda. Yn eich geiriau eich hun, atebwch y ddau gwestiwn canlynol:
   (a) Beth sy'n gwneud Cymru yn wahanol i wledydd eraill?
   (b) Pam y mae Cymru yn wlad mor anodd i'w huno?

A Y gwahanol grwpiau o bobl yn Lloegr

(uchod) Roedd disgwyl i'r brenin amddiffyn ei deyrnas, ac arwain ei ddynion ar faes y gad. I'w helpu i reoli, roedd ganddo swyddogion lleol - y siryfion. Pan fyddai brenin yn marw, byddai ei deyrnas yn cael ei throsglwyddo i'w fab hynaf. Roedd yn rhaid i'r brenin fod o gymeriad cadarn. Roedd cyfoeth y brenin wedi'i seilio ar y bwyd oedd yn cael ei gasglu o blith yr uchelwyr, dirwyon oddi wrth y bobl a oedd yn torri cyfraith y brenin ac ysbail o ganlyniad i ymgyrchoedd milwrol.

(uchod) *Thanes* oedd yr enw ar uchelwyr yr Eingl-Saeson. I fod yn *thane*, byddai'n rhaid i ddyn feddu ar ddigon o dir i fwydo pum teulu. Y *thanes* oedd prif ymladdwyr y brenin a byddent yn ymladd wrth ei ochr ar faes y gad. Byddai'r *thanes* pwysicaf yn helpu'r brenin drwy gynnig cyngor iddo yn y Witan.

Golwg fanylach ar Loegr

Erbyn y flwyddyn 1000, roedd Lloegr yn deyrnas unedig dan reolaeth Ethelred II, a lysenwyd yn Ethelred Digyngor, o Deulu Brenhinol Wessex.

Ar un adeg, bu Lloegr, fel Cymru, yn wlad ranedig gyda thair prif deyrnas yn cystadlu yn erbyn ei gilydd - Wessex, Mersia a Northumbria. Yn ystod y nawfed ganrif, unodd Alfred, Brenin Wessex, yr Eingl-Saeson a dod i gytundeb gyda'r Llychlynwyr.

Fe drechodd Alfred y Llychlynwyr rhyfelgar a chaniatáu iddyn nhw fyw yng ngogledd Lloegr, yn Nhir y Daniaid. O dipyn i beth, enillodd olynwyr Alfred Dir y Daniaid oddi wrth y Llychlynwyr. Tua diwedd y ddegfed ganrif, cafodd Lloegr gyfan ei huno dan un brenin, y Brenin Edgar. Fodd bynnag, daeth y Llychlynwyr yn ôl i Loegr yn fwy niferus nag erioed. Bu'n rhaid i Ethelred II, Brenin Lloegr, dalu iddyn nhw fynd i ffwrdd. Ond doedd hyn ddim yn ddigon i'w hatal.

Yn y pen draw, **goresgynnodd** Cnut, a oedd yn frenin Llychlynaidd, yr holl wlad a rheoli Lloegr o 1016 hyd 1035. Yn ystod y cyfnod hwn, bu heddwch yn Lloegr. Roedd Alfred Fawr wedi sefydlu cadarnleoedd lleol, sef *burhs*. Yn ystod teyrnasiad Cnut, tyfodd y *burhs* hyn i fod yn drefi. Daeth Llundain yn brifddinas y deyrnas newydd hon, a dechreuodd masnach dyfu.

(uchod) Roedd y werin bobl yn perthyn i ddau ddosbarth, sef y rhydd a'r caeth. Yr enw ar y bobl rydd oedd *churls*. Roedd eu bywyd yn un syml - gweithio'n galed yn eu caeau trwy gydol y flwyddyn. Byddai'n rhaid iddynt hefyd weithio am ddim ar dir y *thane*.

(uchod) *Thralls* oedd yr enw ar y dosbarth arall. Roedd disgwyl iddynt wneud y gwaith mwyaf brwnt, megis cloddio ffosydd, taenu dom a thorri coed. Yn gyfnewid am wneud y gwaith yma, roedden nhw'n derbyn mân anrhegion megis mochyn, neu fwyd adeg y Nadolig.

Yn 1042, daeth Edward Gyffeswr, mab Ethelred Digyngor, yn frenin. Ond brenin gwan oedd ef a doedd dim mab ganddo i'w ddilyn ar yr orsedd. Y dyn nesaf ato oedd Harold o Wessex, y *thane* mwyaf pwerus yn Lloegr. Ef oedd y dyn a oedd fwyaf tebyg o olynu'r Brenin Edward.

Allwedd

Tir y Daniaid

YSTRAD CLUD

NORTHUMBRIA

GWYNEDD

POWYS

MERSIA

DYFED

WESSEX

0   100m
0   160k

Beth ddywedoch chi, fasnachwr?
Byddaf yn hwylio allan yn fy llong ... yn gwerthu nwyddau ac yn prynu nwyddau costus nad ydynt ar gael yn y wlad hon. Pa fath o bethau rydych yn eu cludo ar draws y môr?
Clogynnau porffor, sidan, dillad cain, llysiau a sbeisiau, gwin, olew, ifori ... a nifer o bethau eraill yn ogystal.

B Masnachwr yn ateb cwestiynau yn *Trafodaeth ar Waith*, a ysgrifennwyd gan Aelfric tua 1005

C Map yn dangos teyrnasoedd Wessex, Mersia a Northumbria cyn eu huno gan Alfred Fawr. Mae hefyd yn dangos Tir y Daniaid, lle rhoddwyd caniatâd i'r Llychlynwyr ymsefydlu

---

1 Beth oedd y prif wahaniaethau rhwng *churls* a *thralls*?

2 (a) Darllenwch ffynhonnell B. Ym mha fodd mae'n awgrymu bod Lloegr yn wlad gyfoethog?
   (b) Pwy oedd fwyaf tebygol o brynu'r nwyddau oedd yn cael eu mewnforio i Loegr?
   (c) Pwy oedd leiaf tebygol o brynu'r nwyddau hyn?

3 Pa mor unedig oedd Lloegr erbyn 1066? Oedd yna unrhyw grwpiau na fyddai wedi bod yn hapus o dan reolaeth yr Eingl-Saeson?

4 Edrychwch ar y ffynonellau a'r wybodaeth yn y bennod hon. Lluniwch ddwy restr;
   (i) y tebygrwydd
   (ii) y gwahaniaethau rhwng Cymru a Lloegr. Defnyddiwch y rhestr hon fel sylfaen ar gyfer gwaith ysgrifennu estynedig, dan y pennawd 'Y tebygrwydd a'r gwahaniaethau rhwng Cymru a Lloegr yn y flwyddyn 1000'.

ϒNormaniaid yn concro Lloegr

Roedd y Saeson a'r Cymry yn gyfarwydd ag ymosodiadau'r Llychlynwyr. Ond roedd y goncwest Normanaidd yn wahanol. Roedd y Normaniaid yn fwy pwerus ac uchelgeisiol.

Pwy oedd y Normaniaid?

Roedd y Normaniaid yn perthyn i'r Llychlynwyr. Roedd y Llychlynwyr hefyd wedi ymosod ar Ffrainc yn y ddegfed ganrif. Achoson nhw lawer o ddifrod yno ac yn y flwyddyn 911, rhoddodd Brenin Ffrainc ran o ogledd Ffrainc i Rollo, eu harweinydd. Gan eu bod nhw wedi dod o rannau gogleddol Ewrop, yr enw ar y Llychlynwyr hyn oedd Normaniaid a Normandi oedd enw eu gwlad. Rollo oedd dug cyntaf Normandi.

Pam yr oedd y Normaniaid yn filwyr da?

Cyfrinach grym y Normaniaid oedd y ffaith fod gan eu ceffylau wartholion. Golygai hyn y gallai'r milwyr Normanaidd ddefnyddio'u harfau yn effeithiol iawn yn erbyn y gelyn heb ddisgyn oddi ar eu ceffylau. Yn ffynhonnell A, mae marchog Normanaidd yn marchogaeth i'r frwydr. Mae ei lifrai yn hawdd i'w gweld - mae'n gwisgo arfbais gyda phenwisg a helmed haearn. Roedd yr arfbais, sef yr *hauberk*, yn cynnwys miloedd o gylchoedd bach haearn. Mae ganddo hefyd darian a gwaywffon.

Pam y daeth y Normaniaid i Loegr?

Roedd y Normaniaid yn bobl ryfelgar ac anturus iawn. Daethon nhw i Loegr yn 1066 dan eu harweinydd, Dug Gwilym. Yn nechrau 1066, bu farw Edward Gyffeswr, Brenin Lloegr. Gan nad oedd meibion ganddo i'w olynu, cyhoeddwyd mai Harold o Wessex, y dyn mwyaf pwerus yn y deyrnas, fyddai'r brenin.

Penderfynodd Gwilym herio hawl Harold i'r orsedd oherwydd credai mai ef ddylai fod yn frenin Lloegr. Roedd Gwilym yn perthyn i Edward Gyffeswr. At hynny, yn ôl Wiliam o Poitiers, un o'r Normaniaid, a ysgrifennodd am y digwyddiadau hyn, roedd Harold wedi tyngu llw ddwy flynedd cyn hynny y byddai'n gwneud ei orau glas i gefnogi cais Gwilym i fod yn frenin. Nid yw *Cronicl yr Eingl-Saeson* yn sôn am y digwyddiad yma o gwbl. Ar ben hynny, mae disgrifiad Wiliam o Poitiers o'r modd y daeth Harold yn frenin yn wahanol i'r un a gair yn y *Cronicl* (gweler ffynhonnell Ch).

Fodd bynnag, roedd dyn arall hefyd yn hawlio'r orsedd. Ei enw oedd Harald Hardrada, Brenin y Daniaid. Roedd ef yn dadlau mai ef oedd â'r hawl orau i'r orsedd oherwydd i'w dad-cu, sef Cnut, reoli Lloegr cyn cyfnod Edward Gyffeswr.

A Marchog Normanaidd ar faes y gad, o Dapestri Bayeux

Ymddiriedodd y rheolwr doeth y deyrnas i ddyn o radd uchel, sef Harold ei hun.

B O *Cronicl yr Eingl-Saeson*

Fi yw'r dyn mwyaf pwerus yn Lloegr ac rwyf wedi fy newis yn Frenin

Yr Iarll Harold

Rwyf fi'n perthyn i'r Brenin Edward a dewisodd ef fi'n Frenin

Dug Gwilym

Brenin Norwy sydd â'r hawl i orsedd Lloegr

Harald Hardrada

Y Wobr

Lloegr
Y wlad gyfoethocaf yng Ngogledd Ewrop yr adeg hon

Tyngodd Harold lw i Gwilym y byddai, wedi i Edward farw, yn gwneud popeth o fewn ei allu i wneud yn siŵr fod Gwilym yn dod yn Frenin Lloegr.

C Wiliam o Poitiers, un o'r Normaniaid, a gofnododd ddigwyddiadau yn ystod yr unfed ganrif ar ddeg

Ar y diwrnod y bu Edward farw, fe feddiannodd Harold yr orsedd gyda chymorth ei ddilynwyr drwg, a thrwy hynny dorri ei lw i Gwilym.

Ch Wiliam o Poitiers

D (chwith) Cartwnau yn dangos sut roedd y rhai oedd yn hawlio gorsedd Lloegr yn dadlau'u hachos

---

1 Darllenwch ffynhonnell Ch
   (a) Yn eich barn chi, ar ba ochr roedd Wiliam o Poitiers?
   (b) Beth yw'r rheswm dros hynny?
   (c) Rhowch un enghraifft lle mae Wiliam yn datgan barn ac enghraifft arall lle mae'n datgan ffaith.

2 Pam, yn eich barn chi, nad yw *Cronicl yr Eingl-Saeson* yn sôn am ymweliad Harold â Gwilym o Normandi?

3 Mewn grwpiau, trafodwch pwy oedd â'r hawl orau i'r orsedd. Ar ôl i chi drafod y testun, ysgrifennwch am eich casgliadau.

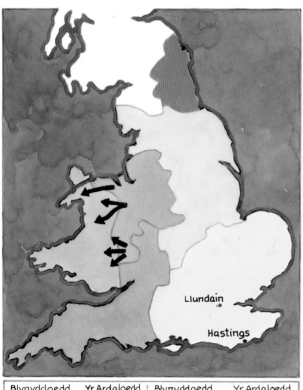

A Ceffylau yn y frwydr, o Dapestri Bayeux

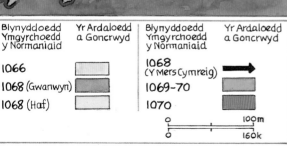

B Hyd yn oed ar ôl Brwydr Hastings, cymerodd dipyn o amser i Gwilym goncro gweddill Cymru a Lloegr

Brwydr Hastings

Ym Medi 1066, glaniodd Harald Hardrada ar arfordir gogledd-ddwyrain Lloegr gyda byddin fawr y tu cefn iddo. Arweiniodd y brenin Harold ei fyddin i'r gogledd ac yn Stamford Bridge daeth ar draws y Daniaid, a'u gorchfygu. Yn y cyfamser, roedd Gwilym o Normandi wedi glanio yn Pevensey yn ne Lloegr. Roedd ganddo fyddin o 7,000 o ddynion, yn eu plith 5,000 o farchogion. Aeth Harold yn ei ôl yn gyflym i Lundain a llwyddo i godi byddin newydd o filwyr.

Cyfarfu'r ddwy fyddin â'i gilydd y tu allan i Hastings. Dechreuodd y frwydr yn gynnar yn y bore ar 14 Hydref 1066. Ar y dechrau, aeth popeth o blaid Harald. Roedd mantais ganddo ef gan fod ei fyddin wedi ei lleoli ar ben bryn a gallai ei ddynion wthio'r milwyr a'r saethyddion Normanaidd yn ôl pryd bynnag y bydden nhw'n ceisio mynd i fyny'r bryn. Yn hwyr yn y prynhawn, fodd bynnag, llwyddodd y Normaniaid i dwyllo'r Saeson drwy esgus ffoi o faes y gad. Pan ruthrodd byddin Lloegr i lawr y bryn, fe drodd y marchogion Normanaidd eu ceffylau a dinistrio'r Saeson ar y tir gwastad. Lladdwyd Harald yn y gyflafan.

Rai blynyddoedd ar ôl y frwydr, gorchmynnodd Odo, hanner brawd Gwilym a oedd yn Esgob Bayeux, i stori Gwilym yn dod yn Frenin Lloegr gael ei darlunio ar ffurf **tapestri**. Yr enw ar y tapestri hwn yw Tapestri Bayeux. Mae ffynhonnell A yn dangos rhan o'r tapestri pan oedd y frwydr yn Hastings ar ei gwaethaf.

Ar ôl Brwydr Hastings

Wyth mlynedd yn unig gymerodd y Normaniaid i goncro Lloegr gyfan. Y prif reswm am hyn oedd i'r rhan fwyaf o ymladdwyr dewraf Lloegr gael eu lladd ym Mrwydr Hastings. Ymhlith y rhai a oroesodd, ffodd rhai ohonyn nhw o'r wlad, ac ildiodd eraill. Safodd eraill eu tir ac ymladd yn erbyn y Normaniaid. Cawson nhw eu gorchfygu mewn dull creulon iawn gan y Brenin Gwilym. Yn 1069, er enghraifft, torrodd gwrthryfel allan yng ngogledd Lloegr. Ond roedd cosb y Normaniaid am hyn yn llym iawn (ffynhonnell C).

Sut roedd y system ffiwdal yn gweithio?

Wedi iddo goncro'r Saeson, gallai Gwilym wneud beth bynnag a fynnai, fwy neu lai. Ond ar yr un pryd, roedd yn rhaid iddo wneud rhywbeth i reoli ei ddynion ef ei hun. Doedd y Normaniaid ddim wedi ymladd ochr yn ochr â Gwilym am ddim byd. Roedden nhw'n disgwyl gwobr.

Penderfynodd Gwilym eu talu nid mewn arian ond mewn tir. Roedd tir yn fwy gwerthfawr nag arian yr adeg honno. Cadwodd tua chwarter y tir yr oedd wedi'i goncro iddo ef ei hun. Rhannwyd gweddill y wlad ymhlith yr **ieirll** a'r **barwniaid** Normanaidd. **Prif Denantiaid** oedd yr enw arnyn nhw, am eu bod wedi cael tir yn uniongyrchol oddi wrth y brenin.

Roedd yn rhaid i bob Prif Denant dalu gwrogaeth i'r brenin. Byddai'n mynd ar ei liniau a thyngu y byddai'n deyrngar i'r brenin ac yn ymladd drosto pryd bynnag y byddai'r brenin yn galw arno i wneud hynny, ac yn dod â'i farchogion gydag ef ar yr un pryd.

Câi'r arfer o rannu'r tir wedyn ei ailadrodd ar lefel is. Byddai'r Prif Denant yn cadw'r tir gorau iddo'i hun ac yn rhannu'r gweddill ymhlith ei farchogion ei hun. Byddai'n rhaid iddynt hwythau, yn eu tro, ymladd dros eu harglwydd pan fyddai arno angen eu gwasanaeth. Ond roedd yn system a arweiniai at ryfel.

Ar y lefel isaf oll, roedd gwerin bobl Lloegr, y gwŷr rhydd a'r gwŷr caeth, yn gorfod cadw eu meistri Normanaidd mewn bwyd. Roedden nhw'n cael cadw eu tiroedd, ond roedd yn rhaid iddyn nhw weithio ar dir arglwydd y faenor am nifer arbennig o ddyddiau yr wythnos. Roedd Gwilym yn awyddus i ofalu nad oedd tiroedd y barwniaid pwysicaf gyda'i gilydd mewn un man. Felly fe wasgarodd eu tiroedd (gweler ffynhonnell Ch).

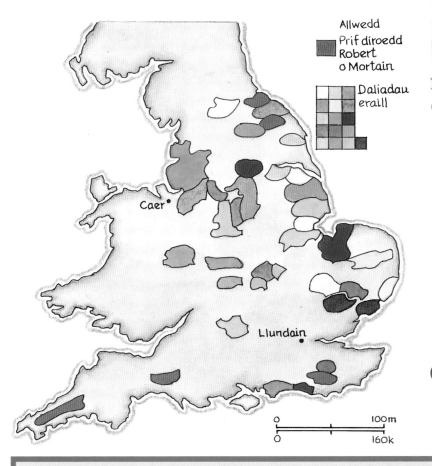

Allwedd

▪ Prif diroedd Robert o Mortain

▦ Daliadau eraill

Caer •

Llundain •

| 0 | 100m |
| 0 | 160k |

Cafodd yr ardal gyfan ger tref Caerefrog ei llosgi i'r llawr: llwyr ddinistriwyd ffermdai, anifeiliaid a chnydau. Aeth drwy bob modfedd o dir er mwyn dal y dynion a gasâi gymaint, a lladdwyd pobl ddiniwed yn ogystal â'r rhai euog. Gadawodd gymaint o brinder bwyd ar ei ôl nes i'r boblogaeth o fwy na 10,000 lwgu i farwolaeth y flwyddyn ganlynol …

C Orderic Vitalis

Ch *(chwith)* Map o Loegr yn dangos sut roedd Gwilym wedi gwasgaru tiroedd ei farwniaid pwysicaf. Sylwch ar diroedd Robert o Mortain

1 Beth yw ystyr pob un o'r termau canlynol: Prif Denant; gwrogaeth; Y System Ffiwdal?

2 Beth oedd pwrpas llunio Tapestri Bayeux? Meddyliwch am rai resymau.

3 Trafodwch mewn grwpiau.
(a) Beth, yn eich barn chi, oedd mantais y System Ffiwdal?
(b) Yn eich barn chi, a oedd yna unrhyw anfanteision i'r Brenin o gael System Ffiwdal?
(c) Edrychwch ar ffynhonnell Ch. Pam, yn eich barn chi, y bu i Gwilym wasgaru tiroedd ei brif ddilynwyr drwy bob cwr o Loegr?

4 Darllenwch ac astudiwch ffynhonnell C. Pam rydych chi'n meddwl roedd Gwilym mor greulon tuag at y Saeson?

13

3 Y Normaniaid yn goresgyn Cymru

(uchod) Darlun canoloesol o saethydd Cymreig

A Pam y penderfynodd y Normaniaid ymosod ar Gymru?

Sut yr aeth y Normaniaid ati i ymosod ar Gymru?

Fe barodd yr ymosodiadau Normanaidd cyntaf o 1067 hyd at 1136. Barwniaid Normanaidd oedd yn gyfrifol amdanynt. Llwyddon nhw i feddiannu rhannau helaeth o Gymru, ond methon nhw feddiannu'r holl wlad. Llwyddodd y Cymry i'w gwthio nhw'n ôl dro ar ôl tro, hyd yn oed o'r ardaloedd hynny roedden nhw wedi llwyddo i'w concro. Yn y pen draw, bu'n rhaid i Frenin Lloegr gamu i mewn, ond roedd hi'n anodd, hyd yn oed iddo ef.

Fe ddaeth y Normaniaid i mewn i Gymru o dri chyfeiriad gwahanol: Huw o Avranches o Gaer yn y gogledd, Roger o Montgomery o Amwythig yn y canol a William Fitzosbern o Henffordd yn y de. Adeg rhannu'r tir ar ôl 1066, cafodd y barwniaid hyn y tir a oedd rhwng Cymru a Lloegr. Eu prif dasg oedd amddiffyn tiroedd y ffin ac os oedd hynny'n bosibl, eu hymestyn drwy symud i gyfeiriad y gorllewin. Golygai hyn y gallen nhw gymryd cymaint o dir ag y mynnent. Ond roedd yn rhaid iddyn nhw ddefnyddio'u milwyr preifat eu hunain.

Canolbarth a de Cymru

Ar y dechrau, roedd y Normaniaid yn anorchfygol. Roedd yn amhosibl gorchfygu eu milwyr traed a'u gwŷr meirch ar y tir gwastad, agored. Yn 1067 meddiannodd William Fitzosbern dir yn hen deyrnas Gwent a Brycheiniog ac adeiladu cestyll yng Nghas-gwent a Mynwy. Ond roedd yr ucheldir yn nwylo'r Cymry o hyd.

Yn 1093 lladdwyd Rhys ap Tewdwr, Brenin y Deheubarth, y tu

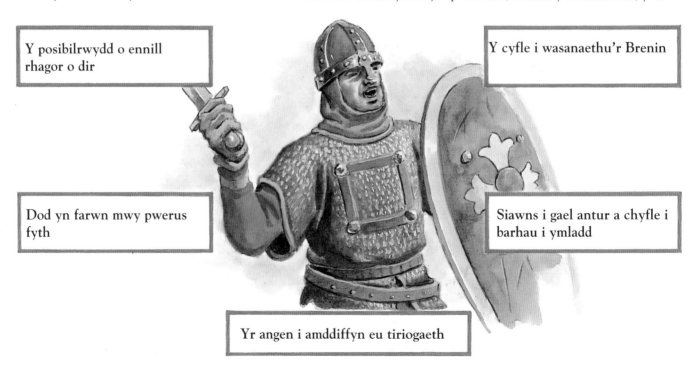

Y posibilrwydd o ennill rhagor o dir

Y cyfle i wasanaethu'r Brenin

Dod yn farwn mwy pwerus fyth

Siawns i gael antur a chyfle i barhau i ymladd

Yr angen i amddiffyn eu tiriogaeth

allan i Aberhonddu wrth ymladd yn erbyn Bernard Neufmarché. Aeth Bernard ymlaen i gipio gweddill Brycheiniog. Doedd neb yn ne Cymru a allai gymryd lle Rhys, ac yn ystod y blynyddoedd yn dilyn 1093, doedd neb yn medru atal y Normaniaid.

Concrodd Robert Fitzhamon, Arglwydd Caerloyw, Deyrnas Morgannwg ac adeiladu cestyll yng Nghaerdydd, Castell-nedd ac Ogwr. Ymwthiodd Roger o Montgomery drwy ganolbarth Cymru a chyrraedd Aberteifi a Phenfro. Erbyn 1100 roedd cryn dipyn o dde-orllewin Cymru yn nwylo'r Normaniaid. Rhoddwyd yr enw y **Mers** Cymreig ar yr ardal hon. Mae mers yn golygu tir ger y ffin, a'r enw ar y barwniaid Normanaidd a oedd yn byw yno oedd Arglwyddi'r Mers.

Gogledd Cymru

Stori wahanol oedd hi yng ngogledd Cymru. Roedd Gwynedd yn cael ei rheoli gan frenin cryf ac uchelgeisiol o'r enw Gruffudd ap Cynan (1081-1137). Bu bron i Huw o Avranches a'i gefnder Robert lwyddo i goncro Gwynedd. Llwyddodd Robert i fynd cyn belled â Deganwy ac adeiladodd gastell yn Rhuddlan. Ond lladdwyd Robert yn 1087 a bu'n rhaid i'r Normaniaid gilio.

Ni pharhaodd llwyddiant y Normaniaid yng Nghymru yn hir. Yn 1135, torrodd rhyfel cartref allan yn Lloegr a pharhaodd hwnnw am bron ugain mlynedd hyd at 1154. Golygai hyn nad oedd cymaint o amser gan reolwyr Lloegr i wneud yn siwr eu bod yn rheoli Cymru. Roedd hyn yn gyfle i'r Cymry daro'n ôl. Yn 1136 arweiniodd Gruffudd ap Rhys, brenin y Deheubarth, wrthryfel yn erbyn y Normaniaid a chyn pen dim bu'n rhaid i'r Normaniaid gilio.

Yn ystod ail hanner y ganrif, cafodd achos y Cymry ei gryfhau gan ddau arweinydd galluog: Owain Gwynedd yn y gogledd a Rhys ap Gruffudd yn y de. O'u canolfannau yn Aberffraw ym Môn a Dinefwr yn y Deheubarth, fe lwyddon nhw i drechu'r Normaniaid.

Yn 1154, daeth Harri II yn Frenin Lloegr. Fe ddaeth â'r rhyfel cartref i ben. Ond doedd hyd yn oed Harri ddim yn gallu gorchfygu'r Cymry. Yn 1165 arweiniodd Harri II ymgyrch fawr yn erbyn Gwynedd. Ni ddaeth yn agos at y lluoedd Cymreig gan iddo gael ei yrru yn ôl i Loegr gan dywydd stormus. Yn ne Cymru, roedd Rhys ap Gruffudd mor bwerus nes y penderfynodd Harri II ei wneud yn rheolwr dros dde Cymru i gyd, a rhoi'r teitl Arglwydd Rhys iddo.

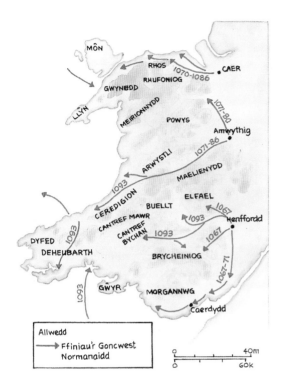

B Map o Gymru yn dangos prif ymgyrchoedd y Normaniaid

Mae'n ddau gan milltir o hyd a thua can milltir o led. Fe gymer ryw wyth diwrnod i deithio ar ei hyd o aber yr Afon Gwygir ym Môn i Borth Sgiwed yng Ngwent … Oherwydd ei mynyddoedd uchel, ei dyffrynnoedd dwfn a'i choedwigoedd helaeth, heb sôn am ei hafonydd a'i chorsydd, nid yw'n hawdd teithio drwyddi.

C Yn ei lyfr *Disgrifiad o Gymru*, mae Gerallt Gymro yn disgrifio'r wlad

---

1 Pa resymau allai barwn Normanaidd eu rhoi dros ymosod ar Gymru? Gwnewch restr ohonynt yn eu trefn - y pwysicaf yn gyntaf.

2 Astudiwch ffynhonnell B. Pam roedd Cymru'n wlad mor anodd i'w choncro?

3 Lluniwch linell amser yn dangos ymosodiadau'r Normaniaid ar Gymru.

4 Astudiwch y wybodaeth sydd yn y bennod hon. Ysgrifennwch ddisgrifiad gyda'r teitl 'Ymosodiadau'r Normaniaid ar Gymru 1067-1200'. Defnyddiwch yr is-benawdau canlynol:
 (i) Sut y llwyddodd y Normaniaid i goncro Cymru
 (ii) Sut y gwrthwynebodd y Cymry y Normaniaid.

Υ Normaniaid yn goresgyn Cymru: cestyll

Nid amddiffynfa yn unig oedd y castell. Roedd hefyd yn bencadlys y llywodraeth, yn cynnwys swyddfa'r arglwydd ar gyfer trafod ei faterion ac ar gyfer casglu rhenti a threthi.

A Disgrifiad gan yr hanesydd William Rees o gastell

Allwedd
••• Cestyll Pren

Rhwng 1075 ac 1282, adeiladodd y Normaniaid lawer iawn o gestyll yng Nghymru. Rhoddai'r cestyll fantais fawr iddyn nhw dros y Cymry. Roedden nhw'n gallu eu defnyddio fel modd o ymosod ac fel modd o amddiffyn ar yr un pryd.

Datblygiad y cestyll

Amrwd iawn oedd y cestyll cyntaf a adeiladodd y Normaniaid yng Nghymru. Yr enw arnynt oedd cestyll tomen a beili. Roedd iddynt ddwy brif ran. Pentwr uchel o bridd wedi ei wasgu at ei gilydd oedd y 'domen'. Byddai top y pentwr yn cael ei wastatáu ac yna byddai twˆr pren, sef gorthwr, yn cael ei adeiladu arno. O gwmpas y twˆr pren, byddai ffens o byst pren cadarn. Byddai pont yn cysylltu'r domen â'r beili, sef darn mawr o dir gyda wal bren yn ei amgylchynu. Byddai ffos yn amgylchynu'r domen a'r beili. Adfeilion cyfran fechan o'r cestyll niferus a adeiladwyd gan y Normaniaid yng Nghymru sydd i'w gweld heddiw.

Prin y gallai'r Normaniaid deimlo'n ddiogel yn eu cestyll oherwydd bod y Cymry bob amser yn aros am gyfle i ymosod arnyn nhw. Yn ei lyfr *Hanes y Daith trwy Gymru* mae Gerallt Gymro'n disgrifio digwyddiad ryw 100 mlynedd ynghynt, pan oedd ei dad-cu,

B *(chwith)* Mae'r map hwn yn dangos lleoliad cestyll pren yng Nghymru yn yr 11eg ganrif a'r 13eg ganrif

C *(isod)* Llun o gastell tomen a beili

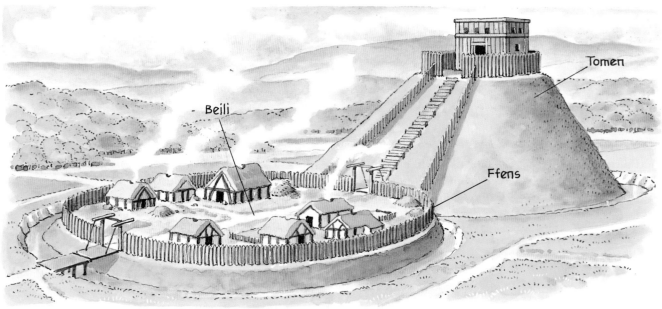

  Ffotograff modern o Gastell Penfro

Gerallt o Windsor, yn fyw. 1096 oedd y flwyddyn pan drefnodd milwyr Cymreig warchae ar Gastell Penfro (gweler ffynhonnell D).

Er mwyn eu gwneud yn fwy diogel, bu'n rhaid i'r Normaniaid newid eu cestyll. Yn ystod y ddeuddegfed ganrif, adeiladwyd cestyll cerrig ochr yn ochr â'r hen rai pren. Cafwyd wal gerrig, neu'r **llenfur**, yn lle'r wal o byst pren. Adeiladwyd **barbican**, sef tŵr uwchben y giât a oedd yn rhoi mynediad i'r beili. Yn lle'r ffens bren ar ben y pentwr pridd, cafwyd wal gerrig ac adeilad cerrig yn lle'r tŵr pren. Yr enw ar yr adeilad yma oedd y gorthwr. Roedd rhai ohonyn nhw'n sgwâr ond crwn oedd y rhai diweddarach, a gafodd eu hadeiladu yn y drydedd ganrif ar ddeg. Adeiladwyd cestyll cerrig yn lle cestyll pren yn y mannau pwysicaf i'r Normaniaid. Byddent yn cael eu lleoli mewn safleoedd da. Roedd lleoliad Castell Penfro, er enghraifft, yn un arbennig o dda. O ganlyniad i wella'r cestyll, bu'n rhaid dyfeisio tactegau ac arfau arbennig er mwyn gallu eu cipio.

Pan oedd amddiffynwyr y castell ar fin llwgu, taflodd Gerallt o Windsor gig mochyn dros y muriau. Yna, fe anfonodd lythyr at ei ffrindiau yn dweud y gallent ddal ati i ymladd am fisoedd lawer ac na fyddai angen cymorth arnynt. Cafodd y llythyr ei adael yn fwriadol ym mhalas yr Esgob yn Nhyddewi. Pan ddaethpwyd o hyd iddo, datgelwyd cynnwys y llythyr i'r rhai oedd yn cynnal y gwarchae, a'r canlyniad fu i'r fyddin Gymreig roi'r gorau i'w gwarchae ar y castell.

D   O Hanes y Daith trwy Gymru gan Gerallt Gymro

---

1 (a) **Astudiwch ffynhonnell B. Ble mae'r rhan fwyaf o'r cestyll wedi eu lleoli? Pam yr oedd cynifer ohonyn nhw i'w cael?**

  (b) **Astudiwch ffynhonnell C. Beth oedd mantais cael y gorthwr ar ben y domen?**

2 **Pa fanteision oedd i safle Castell Penfro?**

3 **Ble yn ffynhonnell Ch mae'r llenfur a'r barbican?**

4 **Gweithiwch mewn grwpiau. Rydych chi a'ch cyd-Gymry yn ymosod ar Gastell Penfro. Wedi i chi drafod eich tactegau, ysgrifennwch eich cynllun ymosod. Rhowch resymau dros eich penderfyniadau.**

A Mae'r *Cronicl Cymreig* yn cofnodi'r digwyddiad hwn yn 1196

Adeiladu cestyll newydd

Dyfeisiau eraill a ddefnyddiwyd (yn ychwanegol at y rhai a restrwyd yn ffynhonnell A) oedd peiriannau gwarchae megis y **magnel** a'r *trebuchet*. Er mwyn diogelu cestyll yn erbyn y tactegau hyn yr ymddangosodd y **castell consentrig** yn ystod y drydedd ganrif ar ddeg. Bwriadwyd i hwn fod yn ddull hollol sicr o amddiffyn.

Yn lle un llenfur, roedd i'r cestyll hyn ddau neu dri ohonynt. Ymhlith y cestyll consentrig cyntaf i'w hadeiladu yng Nghymru yr oedd Castell Caerffili, a adeiladwyd rhwng 1268 a 1281 gan Gilbert de Clare, un o Arglwyddi'r Mers. Adeiladwyd y rhan fwyaf o'r cestyll consentrig yn unol â gorchymyn y Brenin Edward I ar ôl iddo goncro Cymru yn 1282. Adeiladodd gyfres ohonynt ar draws hen deyrnas Gwynedd gan gynnwys Fflint, Rhuddlan, Conwy, Biwmares, Harlech a Chaernarfon.

B Magnel

C Awyrlun o Gastell Biwmares

1 **Astudiwch ffynhonnell C. Awyrlun yw hwn. Pam y mae'n cynnig gwell ffordd o edrych ar gastell yn hytrach nag edrych arno o'r ddaear?**

2 (a) Rhowch y newidiadau canlynol mewn adeiladu cestyll yn eu trefn:
    (i)   cestyll consentrig;
    (ii)   cestyll tomen a beili;
    (iii)   gorthwyr cerrig.
    Esboniwch pam y digwyddodd pob newid.

  (b) Mewn parau, edrychwch ar y llun o'r castell cerrig ar dudalen 19 (gyferbyn). Roedd cestyll pren cynnar yn wahanol iawn i'r castell cerrig yma. Nodwch gymaint o wahaniaethau rhyngddynt ag y medrwch.

3 Ysgrifennodd yr hanesydd D J Cathcart King, awdur *Pembroke Castle,* y geiriau hyn:
'Dychmygol yw cynnwys y rhan fwyaf o'r storïau lliwgar hyn am warchae.'
  (a) Pam rydych chi'n meddwl bod yr hanesydd hwn yn amau stori Gerallt ar dudalen 17?
  (b) A yw hyn yn gwneud disgrifiad Gerallt yn ddarn diwerth o wybodaeth hanesyddol?

4 Beth mae nifer y cestyll consentrig a gafodd eu hadeiladu yng Nghymru yn ei ddweud wrthoch chi am farn llywodraethwyr Lloegr am Gymru?

8. Dyma stafell breifat y barwn

3. Roedd GRISIAU TRO yn cysylltu'r gwahanol loriau. Caent eu hadeiladu mewn dull clocwedd, a golygai hynny y byddai ymosodwyr llaw dde dan anfantais wrth ymladd â chleddyfau

10. Byddai ffenestri'r castell yn fach, er mwyn ceisio osgoi drafftiau. Doedd dim gwydr yn y ffenestri

1. Y NEUADD FAWR oedd yr ystafell bwysicaf yn y castell. Yn y stafell hon, a fyddai fel arfer yn cynnwys llawr cyfan yng ngorthwr y castell, y byddai'r materion pwysig yn cael eu trafod. Hon hefyd oedd prif stafell fwyta'r castell, a byddai'r rhan fwyaf o'r bobl yn cysgu yma hefyd. Byddent yn lapio'u hunain mewn blancedi ac yn cysgu ar y llawr

7. Roedd y stafelloedd yn dywyll a diflas. Byddai canhwyllau brwyn yn cael eu defnyddio i roi ychydig o olau

4. CAPEL preifat y barwn oedd y stafell hon; yma byddai offeiriad yn cynnal gwasanaeth i'r barwn a'i deulu bob dydd

6. Mae'r llun yma'n dangos gweision yn cario bwyd i'r neuadd fawr o'r GEGIN, a oedd mewn adeilad arall

9. Doedd dim carpedi yn y castell. Byddai llawr y neuadd fawr, er enghraifft, yn cael ei orchuddio â brwyn

5. Dyma leoliad TOILEDAU'r castell. Doedden nhw'n ddim mwy na seddau o garreg, a oedd yn gorchuddio twll y byddai'r carthion yn mynd drwyddo i'r ffos islaw

2. Dyma'r SELER lle byddai'r gwin a'r cwrw'n cael eu cadw

19

5 Y Normaniaid yn goresgyn Cymru: eglwysi a mynachlogydd

Wedi i'r Normaniaid adeiladu castell mewn ardal, y cam nesaf oedd adeiladu eglwys gerllaw. Roedd yr Eglwys yn bwysig iawn i'r Normaniaid ac roedd rhan bwysig iddi yng nghoncwest Cymru.

Strwythur yr Eglwys

Roedd yr Eglwys yn bwerus iawn yn yr Oesoedd Canol ac roedd iddi rôl ganolog yn y gymdeithas. Roedd yn rhaid i bawb fod yn Gristion ac roedd yn rhaid i bawb berthyn i eglwys. Dim ond un Eglwys oedd yna yr adeg honno - yr Eglwys Babyddol. Pennaeth yr eglwys hon oedd y Pab, a oedd yn byw yn Rhufain yn yr Eidal. Roedd gan yr Eglwys Babyddol ganghennau ym mhob rhan o Orllewin Ewrop ac ym mhob gwlad roedd archesgob i redeg yr eglwys ar ran y Pab.

Roedd pob gwlad wedi'i rhannu yn esgobaethau, ac roedd esgob yn gyfrifol am bob **esgobaeth**. Byddai'r esgob yn byw mewn palas, a'i eglwys yn cael ei galw yn eglwys gadeiriol.

A Gwahanol aelodau'r Eglwys

Esgobion

Offeiriaid

Y Pab

Archesgob Caer-gaint

Y bobl gyffredin

B *(chwith)* Priordy Ewenni ym Mro Morgannwg

Roedd pob esgobaeth yn cynnwys nifer o **blwyfi**, sef ardaloedd llai a oedd dan ofal offeiriad. Offeiriad y plwyf fyddai'n gofalu am anghenion y bobl gyffredin ac ef fyddai'n maddau iddyn nhw am eu pechodau. Po fwyaf o ddaioni fyddai mewn pobl, mwyaf i gyd o siawns fyddai ganddyn nhw o fynd i'r nefoedd. I gyrraedd y nefoedd, byddai'n rhaid i bobl fynd i'r eglwys yn rheolaidd ar y Sul.

Rhoddodd Maurice Londres, mab William de Londres, dir i eglwys San Pedr yng Nghaerloyw, eglwys Sant Mihangel, Ewenni, eglwys Saint-y-brid ynghyd â Chapel Ogwr ... â'u holl feddiannau ... er mwyn ffurfio cwfaint o fynachod.

C Rhan o Gronicl Caerloyw

Yr Eglwys yng Nghymru

Trefnodd y Normaniaid Gymru yn bedair esgobaeth: esgobaethau Tyddewi a Llandaf yn ne Cymru, ac esgobaethau Bangor a Llanelwy yng ngogledd Cymru. Roedd y pedwar esgob a oedd yn gyfrifol am yr esgobaethau hyn dan reolaeth Archesgob Caer-gaint, sef pennaeth Eglwys Loegr. Byddai ef yn ei dro'n cael ei ddewis gan Frenin Lloegr a'i benodi gan y Pab. Nid oedd caniatâd i Gymru gael ei harchesgob ei hun.

Adeiladodd y Normaniaid hefyd lawer o eglwysi yng Nghymru. Eglwysi cerrig oedden nhw ac roeddent yn disodli'r hen eglwysi pren Cymreig. Adeiladwyd yr eglwys yn ffynhonnell B gan y marchog Normanaidd William de Londres yn 1116, yn fuan wedi i deyrnas Morgannwg gael ei choncro. Rhoddodd ei fab lawer o'r tir a goncrwyd gan William i'r eglwys (ffynhonnell C). Ceisiodd y Normaniaid gael gwared ar yr hen arferiad Cymreig o ganiatáu i offeiriaid briodi. Ond nid oedd yn hawdd gwneud hyn.

Mewn eglwys Gymreig, mae cymaint o bobl â siâr yn y fywoliaeth ag sydd o deuluoedd yn byw yn y plwyf. Pan fydd y tadau'n marw, bydd y meibion yn eu holynu, nid trwy eu hethol, ond fel petaent yn eu hetifeddu, sydd yn ddrwg yng ngolwg Duw. Petai esgob yn meiddio penodi unrhyw un arall, byddai'r bobl yn dial arno.

Ch Yn y llyfr a ysgrifennodd 100 mlynedd wedi i'r Normaniaid ddod i Gymru, dyma ddywedodd Gerallt Gymro am yr eglwysi lleol

1. Pam rydych chi'n meddwl bod siâp pen ucha'r tŵr yn ffynhonnell B yn debyg i siâp rhan uchaf castell?

2. Pam, yn eich barn chi, y rhoddodd y Normaniaid gymaint o dir i'r Eglwys?

3. Pam, yn eich barn chi, y rhoddodd y Normaniaid eu dynion eu hunain i reoli'r Eglwys yng Nghymru?

4. Pam roedd pobl mor grefyddol y pryd hynny?

5. Pa dystiolaeth sydd ar gael yn ffynonellau B a C i ddangos bod y Normaniaid yn grefyddol?

6. Pa dystiolaeth sydd ar gael fod y Cymry yn grefyddol?

A Mynachlog Ystrad Fflur yn y ddeuddegfed ganrif

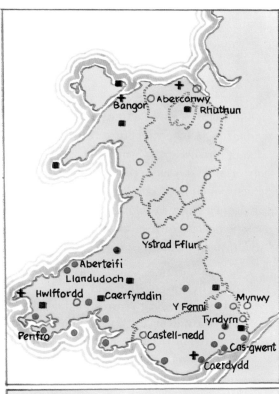

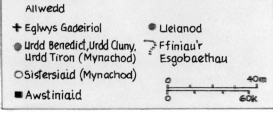

Allwedd

✟ Eglwys Gadeiriol   ● Lleianod

● Urdd Benedict, Urdd Cluny, Urdd Tiron (Mynachod)   ⌐ Ffiniau'r Esgobaethau

○ Sistersiaid (Mynachod)

■ Awstiniaid

40 km
60 K

B Map yn dangos y gwahanol fathau o fynachlogydd yng Nghymru

Mynachlogydd

Wrth i'r Normaniaid ledaenu drwy Gymru ar ddechrau'r ddeuddegfed ganrif, fe sefydlon nhw fynachlogydd yn ogystal ag eglwysi. Yn lle mynachlogydd yr Eglwys Geltaidd, cafwyd mynachlogydd Benedictaidd. Roedd y mynachlogydd hyn yn dilyn Rheolau Sant Benedict a luniwyd yn ôl yn y chweched ganrif. Mynachod Duon oedd yr enw cyffredin ar y mynachod hyn, gan eu bod yn gwisgo dillad duon. Yng Nghymru, adeiladwyd mynachlogydd ger y cestyll Normanaidd mewn lleoedd megis Mynwy, Aberhonddu a Chaerfyrddin. Roedd y rhan fwyaf o'r mynachod hyn yn dod o Normandi. O ganlyniad, doedden nhw ddim yn boblogaidd gyda'r Cymry.

Yn nes ymlaen, fodd bynnag, fe ddaeth y Normaniaid â threfn fynachaidd arall i Gymru. Urdd Sistersaidd oedd hon ac roedd wedi'i sefydlu ym Mwrgwyn yn Ffrainc gan Sant Bernard o Clairvaux. Y syniad oedd glynu'n fwy llym wrth reolau Sant Benedict. Cafodd un o'r mynachlogydd Sistersaidd cyntaf yng Nghymru ei sefydlu yn 1098 yn Hendy-gwyn ar Daf gan Bernard, Esgob Tyddewi. Sefydlwyd cangen o'r fynachlog hon gan farchog Normanaidd o'r enw Robert Fitz Stephen yn Ystrad Fflur ar weunydd unig Ceredigion (Ffynhonnell A).

Sefydlwyd Tai Sistersaidd mewn rhannau eraill o Gymru hefyd: Tyndyrn, Ystrad Marchell ac Aberconwy. Roedden nhw'n boblogaidd ymhlith pobl Cymru, yn enwedig ymhlith brenhinoedd Cymru. Rhoddodd yr Arglwydd Rhys yn hael i Abaty Ystrad Fflur. Cafodd nifer o arweinwyr Cymreig eu claddu yno, yn ogystal â'r bardd enwog, Dafydd ap Gwilym. Roedd y Sistersiaid yn arloeswyr gyda ffermio defaid. Fe fydden nhw'n gwisgo dillad gwlân gwyn a dyna pam roedden nhw'n cael eu galw yn Fynachod Gwyn.

Yr un cynllun sylfaenol fyddai i bob mynachlog. Calon y fynachlog oedd yr eglwys, a oedd wedi ei hadeiladu ar ffurf croes. Yn nesaf ati oedd y clwysty. Rhyw fath o oriel oedd hwn, yn amgylchynu llecyn petryalog agored. O amgylch y llecyn hwn byddai ystafelloedd megis tŷ'r siapter, yr ystafelloedd cysgu a'r **ffreutur**.

Cafodd y rhan fwyaf o'r mynachlogydd eu hadeiladu rhwng tua 1200 a 1300. Yn ystod y cyfnod hwn, cadwai'r mynachod at reolau llym eu hurddau. Yn ddiweddarach, fodd bynnag, wrth i'r mynachod ddod yn fwy cyfoethog, doedden nhw ddim mor barod i lynu at y rheolau. Mae ffynonellau C, Ch, D, Dd ac E yn rhoi rhyw syniad i ni o'r hyn ddigwyddodd.

Daethpwyd â stôr fawr o ddysg at ei gilydd gan Lanfranc yn Abaty Bec yn Normandi ... mae'r gymdeithas gyfan yn llawn llawenydd a chariad er gwasanaeth Duw. Ni allaf siarad yn rhy uchel am y croeso a gawsom yn Bec ... Mae drysau Bec bob amser led y pen ar agor i unrhyw deithiwr ...

C Orderic Vitalis yn disgrifio Abaty Bec yn 1125

Gwylnos	Gweddi Foreol	Awr Anterth	Y Drydedd Awr
Y Chweched Awr	Y Nawfed Awr	Gosber	Cwmplin

2.0am	Gweddïau yn eglwys yr abaty	Hanner dydd	Bwyta cinio yn y ffreutur
3.0am	'Nôl i'r gwely	12.30pm	Gweddïau yn eglwys yr abaty
6.0am	Codi gyda'r wawr	1.0pm	Gweithio ar y fferm neu yn y felin
	Gweddïau yn eglwys yr abaty	6.0pm	Gweddïau yn eglwys yr abaty
	Brecwast o fara a chwrw yn y ffreutur	7.0pm	Swper yn y ffreutur
7.0am	Cyfarfod yn nhŷ'r siapter i drefnu gwaith y dydd	8.0pm	Gweddïau yn eglwys yr abaty
8.0am	Cerdded yn y clwysty i ymlacio a meddwl	9.0pm	Amser gwely
11.0am	Gweddïau yn eglwys yr abaty		

1401. Gwelsom ymhlith pethau eraill y byddai rhai o'r mynachod yn dod â phobl o'r tu allan i mewn i'w celloedd, er mwyn eu diddanu … maent yn byw bywydau ofer, ac yn crwydro y tu hwnt i'r priordy heb ganiatâd.

Ch Ymweliad Esgob Tyddewi ag Abaty Caerfyrddin yn 1401

Yn 1401-2 lle gynt y byddai cwfaint llawn o fynachod onest, tri ohonynt yn unig sydd ar ôl bellach. Ymbiliwn arnoch i beidio â chaniatáu i unrhyw un o'r mynachod fynd ar gyfyl unrhyw dafarn nac ychwaith i yfed yn drwm yn nhref Llandudoch.

D Ymweliad Esgob Tyddewi ag Abaty Llandudoch

Dd Dyletswyddau mynach

Roedd yr Urddau crefyddol wedi dirywio erbyn 1300. Tueddai ansawdd y bywyd mynachaidd i newid er gwaeth - ni sefydlwyd mynachlogydd newydd yng Nghymru wedi hynny … a byddai abadau, y dibynnai safon bywyd o fewn y fynachlog arnynt, yn aml yn adeiladu tai crand iddyn nhw'u hunain.

E Glanmor Williams: *Monuments of Conquest: Castles and Cloisters* (1973)

1 Ym mha fodd y newidiodd mynachlogydd er gwaeth yn ystod yr Oesoedd Canol?

2 (a) Ym mha ffyrdd yr oedd mynachod Benedictaidd yn debyg i fynachod Sistersaidd?

   (b) Ym mha ffyrdd yr oedd y ddau fath o fynach yn wahanol i'w gilydd?

3 (a) Edrychwch ar y map o Gymru (ffynhonnell B). Pam rydych chi'n meddwl y tueddai mynachlogydd Benedictaidd i gael eu lleoli yn ne Cymru?

   (b) Beth rydych chi'n sylwi arno ynghylch lleoliad mynachlogydd Sistersaidd?

4 Disgrifiwch yn fanwl ddiwrnod ym mywyd mynach yn Ystrad Fflur.

5 Disgrifiwyd yr Oesoedd Canol fel oes aur yn hanes yr Eglwys Gristnogol. Ar sail y bennod hon, ysgrifennwch draethawd yn cefnogi'r disgrifiad hwn. (Gwnewch ddefnydd llawn o'r wybodaeth sydd yn y bennod hon.)

6 Y Normaniaid yn goresgyn Cymru: trefi

Rhaid i bob bwrdais dalu rhent blynyddol o ddeuddeg ceiniog am bob gwasanaeth.

Gall pob bwrdais werthu ei eiddo i bwy bynnag y myn.

Gall pob bwrdais roi ei fab neu ei ferch mewn priodas heb ofyn am ganiatâd.

Gall pob un werthu ei ychen, ei geffyl ac unrhyw nwyddau eraill heb orfod gofyn caniatâd yr Arglwydd.

Hefyd, gall pob bwrdais fragu a phobi heb drwydded, a heb dalu toll.

A   Rhannau o Siarter Caerdydd

Walter Hereford	John Porter
Reginald Carewell	John Maniers
John Skiret	Philip Carpenter
Walter Narber	Julian Taylor
Simon Montefort	William Blida
Jacob Cestria	Marione Mauncel

B   Rhai o fwrdeisiaid Caernarfon

Robert Sayer	Stephen Cras
William Plumer	David Grug
Ieuan ap Vychan	John de Turri
ap Jeuan ap Rhys	Adam ap Gronw
Walter ap Thomas	

C   Rhai o fwrdeisiaid Aberystwyth

Nid oedd trefi go-iawn yng Nghymru cyn dyfodiad y Normaniaid. Pan fyddai Arglwyddi'r Mers yn adeiladu cestyll, byddai trefi'n aml yn tyfu o'u cwmpas i gwrdd â gofynion Arglwydd y Mers, ei deulu a'i filwyr. Roedd arnynt angen:

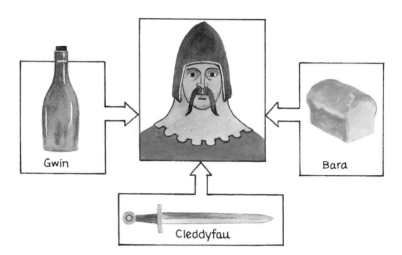

Gwin   Bara   Cleddyfau

Allwch chi feddwl am bethau eraill yr oedd eu hangen arnynt?

Roedd Saeson a Ffrancwyr a oedd wedi'u perswadio i ymsefydlu yn y trefi newydd hyn yn darparu'r nwyddau yma. Yr enw ar y bobl hyn oedd **bwrdeisiaid**, a bwrdeistrefi oedd y trefi lle roedden nhw'n byw. Roedden nhw'n cael breintiau arbennig a gofnodwyd mewn dogfen o'r enw siarter y dref. Arloeswr y siarteri hyn oedd gŵr o'r enw William Fitzosbern; roedd ef yn seilio'r siarteri ar siarter tref Breteuil yn Normandi. Mae Siarter Caerdydd (ffynhonnell A) yn rhoi syniad pur dda o'r hyn oedd gan Arglwyddi'r Mers i'w gynnig.

Yn ddiweddarach, sefydlwyd bwrdeistrefi newydd gan Frenhinoedd Lloegr. Daeth Harri I, er enghraifft, ag ymsefydlwyr Fflemaidd i dde Penfro ac yn dilyn concwest Cymru yn 1282, caniataodd Edward I i fewnfudwyr o Loegr fyw yn y bwrdeistrefi a grëwyd ganddo yng ngogledd Cymru. Mae ffynonellau B a C yn rhestru rhai o fwrdeisiaid Caernarfon ac Aberystwyth yn 1298.

Cyhoeddodd Edward I hefyd mai ar gyfer mewnfudwyr o Loegr yr oedd y trefi i'w hadeiladu yn y lle cyntaf. Ac fe fynnodd hefyd na allai unrhyw un a oedd yn byw o fewn pum milltir i unrhyw fwrdeistref brynu na gwerthu nwyddau. Golygai hynny nad oedd gan y Cymry unrhyw ddewis ond gwerthu eu nwyddau yn y bwrdeistrefi brenhinol lle roedd yn rhaid iddyn nhw dalu tollau uchel.

Yn dilyn Gwrthryfel Glyndŵr (1399-1412), roedd y rheolau hyn - y Deddfau Cosb - yn fwy llym fyth. Mae enghraifft o un ohonyn nhw i'w gweld yn ffynhonnell Ch.

Ni all unrhyw Gymro o hyn ymlaen brynu tir neu gartref mewn unrhyw fwrdeistref neu dref fasnaschol yng Nghymru.

Dd Llun o'r bedwaredd ganrif o'r ddeg o sgwâr tref yn Ffrainc

Ch Un o'r Deddfau Cosb a basiwyd wedi Gwrthryfel Glyndŵr

Caerfaddon, Caerwrangon, Caer, Henffordd: Peidiwch â dewis eich cartref yn ninasoedd y gogledd, nac yng Nghaerwrangon, Henffordd neu Gaer, oherwydd y Cymry gwyllt.

D Cyngor Richard o Devizes yn ei *Chronicles of the Crusades*, yn dilyn pasio'r Deddfau Cosb

1 (a) Edrychwch ar y rhestr o enwau a geir yn ffynhonnell B. Beth, yn eich barn chi, fyddai agwedd y Cymry tuag at y rhestr hon?

(b) Ym mha fodd y mae'r rhestr o Aberystwyth yn ffynhonnell C yn gwrth-ddweud gorchymyn Edward I?

2 Pam rydych chi'n meddwl bod Saeson a Ffrancwyr yn barod i ymsefydlu yng Nghymru?

3 Daw ffynhonnell Dd o Ffrainc. Ym mha fodd y mae'n berthnasol i'n dealltwriaeth o fywyd mewn trefi yng Nghymru yn ystod yr Oesoedd Canol?

4 Pam nad oedd arweinwyr y Normaniaid, a'r Saeson yn ddiweddarach, am i'r Cymry fyw yn y trefi hyn? Rhowch resymau dros eich ateb.

5 Beth, yn eich barn chi, oedd agwedd y Cymry tuag at y trefi?

Harri II a Thomas Becket

Mae ffynhonnell A yn dangos Harri I (1100-1135) yn cael breuddwyd cas gyda barwniaid, esgobion a thyddynwyr yn uno yn ei erbyn. Daeth yr hunllef hon yn wir. Am gyfnod o 14 blynedd, rhwng 1139 ac 1153, taflwyd Lloegr i ganol rhyfel cartref rhwng Steffan, nai Harri, a Matilda, ei ferch. Daeth y rhyfel i ben gydag esgyniad Harri II, mab Matilda, i'r orsedd. Roedd Harri II yn benderfynol o uno'r wlad ac adfer cyfaith a threfn.

Roedd Harri II yn ddyn cryf, galluog, egnïol ac uchelgeisiol. Roedd ganddo **ymerodraeth** eang. Yn ogystal â bod yn Frenin Lloegr a Normandi, roedd hefyd yn rheoli rhannau helaeth o Ffrainc ac fe hawliai reolaeth dros Gymru ac Iwerddon.

Llwyddodd Harri i gael ei farwniaid, yn Lloegr ac yn Ffrainc, i'w barchu. Fe wnaeth hyn drwy ymweld â phob rhan o'i deyrnas. Golygai hyn lawer o deithio. Yn ystod ei deyrnasiad o 32 blynedd, croesodd Harri'r sianel 28 o weithiau (doedd hyn ddim yn hawdd yn yr Oesoedd Canol). Cafodd cestyll anghyfreithlon a adeiladwyd yn ystod y rhyfel cartref eu dinistrio ac ailfeddiannwyd tir y goron a oedd wedi'i golli yn ystod y gwrthdaro. Codwyd trethi newydd ac anfonwyd **siryfion** brenhinol i'w casglu.

Anfonodd Harri hefyd farnwyr brenhinol i bob ardal yn Lloegr er mwyn gwneud yn siŵr fod parch i'r gyfraith. Yr enw ar y barnwyr hyn oedd Barnwyr Cylchdaith. At hyn, trwy ddau gyhoeddiad, Aseis Clarendon (1166) ac Aseis Northampton (1176), datblygodd Harri y system rheithgor a olygai y gallai deuddeg gŵr gymryd rhan mewn barnu achosion cyfreithiol. Roedd gorchmynion ysgrifenedig y Brenin - y Gwrit Brenhinol - yn dechrau cael eu parchu ym mhob rhan o'r wlad. Yna dechreuodd pobl ffafrio llysoedd y brenin yn lle llysoedd y barwniaid.

Wedi iddo gael trefn ar y barwniaid, trodd Harri ei sylw at yr Eglwys sef yr awdurdod pwysig arall yn ei deyrnas. Yn 1161 bu farw Archesgob Caer-gaint, pennaeth Eglwys Loegr. Yn ei le, penododd Harri Thomas Becket, ei Ganghellor a'i ffrind pennaf. Roedd Harri yn benderfynol o reoli'r Eglwys. Credai y byddai Becket yn gwneud y gwaith drosto. Roedd yn poeni'n arbennig am y llysoedd eglwysig, lle gallai unrhyw un a oedd â chysylltiadau â'r eglwys dderbyn dedfryd ysgafnach nag yn y llysoedd brenhinol.

Wedi iddo ddechrau yn ei swydd newydd, fodd bynnag, dechreuodd Becket ddangos ei annibyniaeth. Daeth Becket yn ŵr crefyddol iawn a gwrthod ufuddhau i orchmynion Harri. Yn 1164, cyhoeddodd y Brenin y gallai eglwyswyr a gafwyd yn euog yn y llysoedd eglwysig gael eu dedfrydu am yr eildro yn llysoedd y brenin. Ond gwrthododd Becket blygu i orchymyn Harri. Roedd Harri'n gynddeiriog a bu ffrae fawr rhyngddynt. Yn 1170 aeth pethau o ddrwg i waeth pan daflodd Becket allan o'r eglwys ddau esgob a

A Hunllef Harri I

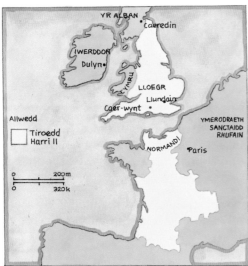

B Map o ymerodraeth Harri II yn 1154

Map labels: YR ALBAN, Caeredin, IWERDDON, Dulyn, CYMRU, LLOEGR, Llundain, Caer-wynt, YMERODRAETH SANCTAIDD RHUFAIN, NORMANDI, Paris

Allwedd — Tiroedd Harri II

200m / 320k

oedd wedi coroni mab Harri pan oedd Becket allan o'r wlad.

Teithiodd pedwar marchog (gweler ffynhonnell D) i Gaer-gaint a lladd Becket ar allor yr eglwys gadeiriol. Ond er iddo lofruddio Thomas Becket, methodd Harri reoli'r Eglwys yn llwyr. Parhaodd i benodi esgobion i'r Eglwys, ond methodd rwystro'r llysoedd eglwysig rhag gosod eglwyswyr a oedd wedi torri'r gyfraith ar eu prawf. Gwnaed Becket yn sant a gorfod i Harri gerdded yn droednoeth i Gaer-gaint er mwyn dangos ei fod yn edifar.

Ni fu pethau byth yr un fath wedi hynny. Cafodd y gwrthdaro rhwng Becket a'r Brenin effaith ddrwg ar waith llwyddiannus cynharach Harri o ddod â'r barwniaid i drefn. Yn ystod 15 mlynedd olaf ei oes, roedd Harri benben â'i bedwar mab. Roedden nhw'n anghytuno â'r modd y bwriadai eu tad rannu'r ymerodraeth wedi iddo farw. Roedd Brenin Ffrainc yn eu cefnogi. Fe fu iddynt wrthryfela'n agored yn erbyn eu tad ddwywaith. Bu Harri farw'n ddyn anhapus gyda'i ymerodraeth yn gyfan ond gan adael llawer o broblemau i'w olynwyr.

Ch Harri II yn cweryla gyda Thomas Becket

Dewiswyd gan Dduw

Yn gyfrifol am gyfraith a threfn

Yn swyddogol, perchennog yr holl dir

Yn gwneud y penderfyniadau pwysicaf

Y barwniaid yn ymladd yn ei fyddin

Yn dewis pobl ar gyfer y swyddi pwysicaf

C Pwerau'r Brenin

"Fy arglwydd, tra bydd Thomas fyw, ni chewch funud o lonydd" … Collodd Harri ei dymer yn lân. O weld hyn, daeth pedwar o farchogion ei lys a oedd yn awchus i ennill ffafr y brenin at ei gilydd a thyngu llw i ladd yr archesgob.

D Geiriau un esgob wrth Harri, yn *Hanes Bywyd Thomas Becket* gan William Fitz Stephen, a'r cynllwyn a ddilynodd

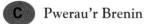

1 Rhowch un rheswm tymor-hir ac un rheswm tymor-byr dros lofruddiaeth Thomas Becket.

2 Pam rydych chi'n meddwl i Becket ymddwyn yn wahanol wedi iddo gael ei benodi yn Archesgob Caer-gaint?

3 Nodwch ddau ganlyniad i lofruddiaeth Thomas Becket.

4 Yn eich grwpiau, trafodwch lofruddiaeth Becket. Dylai un aelod chwarae rôl Harri II, ac aelod arall chwarae rôl Becket. Dylai'r aelodau eraill holi'r ddau gymeriad er mwyn darganfod i ba raddau y dylai Harri II gymryd y bai am y llofruddiaeth.

5 'Roedd Pennaeth yr Eglwys yn Lloegr yn rhwym o gweryla â Brenin Lloegr.' Ydych chi'n cytuno â'r datganiad hwn? Os ydych, pam? (Mae gwybodaeth ychwanegol ym Mhennod 5)

8 Y Croesgadau

Ymladdai'r Cymry'n gyson yn erbyn y Normaniaid. Ond ambell dro, byddent yn barod i anghofio am y gwahaniaethau oedd rhyngddyn nhw ac ymladd ar yr un ochr â'i gilydd. Digwyddodd hyn gyda'r Croesgadau - yr ymgyrch fawr i amddiffyn dinas Jerwsalem rhag y Twrciaid. I bob Cristion y pryd hynny, Jerwsalem oedd y ddinas bwysicaf yn yr holl fyd.

Roedd Jerwsalem yn cael ei galw'n Ddinas Sanctaidd am mai yno y cafodd Iesu Grist ei groeshoelio ac roedd y wlad yn cael ei galw'n Wlad Sanctaidd. Yr Arabiaid oedd yn rheoli'r Wlad Sanctaidd bryd hynny. Nid Cristnogion oedden nhw, ond roedden nhw'n credu'n gryf yn Nuw gan ddilyn dysgeidiaeth arweinydd crefyddol o'r enw Mohamed, a oedd yn byw yn y chweched ganrif. Mohametaniaid neu Foslemiaid oedd yr enw ar ddilynwyr Mohamed. Ar y dechrau, roedd y Cristnogion a'r Moslemiaid yn byw mewn heddwch. Ond yn yr unfed ganrif ar ddeg, llwyddodd y Twrciaid, a oedd yn bobl ryfelgar, i gipio'r Wlad Sanctaidd oddi wrth yr Arabiaid. Mohametaniaid oedden nhw hefyd ond roedden nhw'n fwy cas na'r Arabiaid. Dechreuon nhw rwystro Cristnogion rhag mynd i Jerwsalem. Cafodd llawer o bererinion Cristnogol eu lladd gan y Twrciaid wrth iddyn nhw deithio drwy'r Wlad Sanctaidd.

Yn 1095 condemniodd y Pab y Twrciaid ac apelio ar i genhedloedd Cristnogol Ewrop eu gyrru nhw allan o Ddinas Sanctaidd Jerwsalem (ffynhonnell B). Dywedodd y byddai Duw'n gwobrwyo'r rheini a ymladdai ar ran Iesu Grist. Ymatebodd tua 10,000 o bobl o bob cwr o Ewrop i'w alwad.

Erbyn 1099 roedd prif fyddin y Croesgadwyr wedi cyrraedd Jerwsalem. Aeth y Twrciaid ati i amddiffyn y ddinas a gorfu i'r

A Llun o Jerwsalem a beintiwyd yn y bymthegfed ganrif

> *Mae'r Twrciaid wedi goresgyn eich brodyr, gan ladd a chipio llaweroedd a dinistrio eglwysi. Maent yn rhwygo'u stumogau'n yfflon. Maent yn eu clymu i'r stanc, neu'n eu llusgo a'u chwipio. Bydd pob dyn a fydd farw yn derbyn maddeuant am ei bechodau.*

B Rhan o araith y Pab Wrban II yn 1095

C *(isod)* Map o Ewrop yn dangos y llwybrau a gymerodd Rhisiart I, Philip II a Ffrederic Barbarossa

Allwedd
- •••• Llwybr Frederick Barbarossa -1190
- ••••• Llwybr Rhisiart 1- hwyliodd o Marseilles
- — Llwybr Philip II- hwyliodd o Genoa

0 ———— 500m
0 ———— 800k

Croesgadwyr dreulio'r haf cyfan yn ceisio ei meddiannu. Ar ôl brwydro ffyrnig, llwyddodd y Croesgadwyr i gipio'r ddinas ond lladdwyd llawer o ddynion o'r ddwy ochr, mewn modd erchyll.

Y Cristnogion yn awr oedd yn rheoli Jerwsalem. Ond chawson nhw ddim byw mewn heddwch. Fe ymladdodd y Twrciaid yn ôl. Yn 1147, trefnwyd Ail Groesgad ond bu honno'n fethiant llwyr. Yna, yn 1187 ymddangosodd arweinydd ffyrnig o'r enw Salah al-Din - Saladin oedd enw'r Ewropeaid arno. Fe drechodd ef fyddin Gristnogol yn 1187 ac yn yr un flwyddyn, llwyddodd i ailfeddiannu dinas Jerwsalem.

Rhoddodd y digwyddiad hwn ysgytwad i Ewrop gyfan. Galwodd y Pab newydd am groesgad arall yn erbyn y Moslemiaid. Y tro yma, bu gwell ymateb i'w apêl. Daeth tri o'r brenhinoedd cryfaf yn Ewrop i'w cefnogi - Rhisiart I (Brenin Lloegr), Philip II (Brenin Ffrainc) a Ffrederic Barbarossa (Ymerawdwr yr Almaen). Aeth Archesgob Caer-gaint ar daith drwy Gymru yn pregethu am y Groesgad, ac aeth Gerallt Gymro gydag ef. (Dyma oedd y prif reswm am daith Gerallt y clywsoch sôn amdani ar ddechrau'r llyfr.) Ysgrifennodd Gerallt ddisgrifiad diddorol o'r ymgyrch recriwtio yma yn ei lyfr *Hanes y Daith trwy Gymru*.

Yn ôl Gerallt, aeth dros dair mil o Gymry ar y Drydedd Groesgad. Serch hynny, ychydig ohonyn nhw a lwyddodd i gyrraedd y Wlad Sanctaidd. Boddodd Ffrederic Barbarossa, er enghraifft, tra oedd yn teithio drwy Dwrci. Teithiodd Philip II a Rhisiart I ar y môr i'r Wlad Sanctaidd.

Marchog a ymunodd â'r Croesgadau yn y drydedd ganrif ar ddeg

Traddodwyd pregeth yn y Fenni a throi llawer iawn at y Groes. Daeth rhyw ŵr bonheddig o'r ardal honno o'r enw Arthen ... a chymryd y Groes gan yr Archesgob heb aros fymryn rhagor. Ger Castell Wysg derbyniodd nifer mawr o ddynion y Groes ... ymhlith y rhai a dröwyd yr oedd rhai o ddrwgweithredwyr gwaethaf yr ardal honno, gwehilion, lladron penffordd a llofruddion. Lladdodd deuddeg o saethyddion o gastell San Clêr Gymro ifanc, ac ymuno drannoeth â'r Groesgad fel cosb am eu trosedd.

Ymunodd pob math o bobl â'r groesgad. Rhan o *Hanes y Daith trwy Gymru*, Gerallt Gymro

---

Roedd bron yr holl ddinas wedi ei llenwi â chyrff. Llusgodd y Saraseniaid hynny a oedd yn dal yn fyw y meirw allan a'u gosod mewn pentyrrau mawr, cyn uched â'r tai ...

O'r *Gesta Francorum*

---

1 Edrychwch ar ffynhonnell A. Ym mha fodd mae'r arlunydd yn cyfleu'r syniad mai dinas sanctaidd oedd Jerwsalem?

2 Gweithiwch mewn parau:
   (a) Darllenwch ffynonellau B, Ch a Dd. Rhestrwch yr holl fathau gwahanol o bobl a ymunodd â'r Croesgadau. Trafodwch gyda'ch partner pam roedden nhw'n barod i ymuno â'r Croesgadau.

   (b) Gwnewch restr o'r holl wledydd y sonnir amdanynt yn yr adran hon. Pa wledydd eraill fyddai'n debygol o fod wedi cefnogi'r Croesgadau?

3 (a) Sut rydych chi'n gwybod mai Croesgadwr yw'r marchog yn ffynhonnell D?

   (b) Lluniwch linell amser o'r Croesgadau.

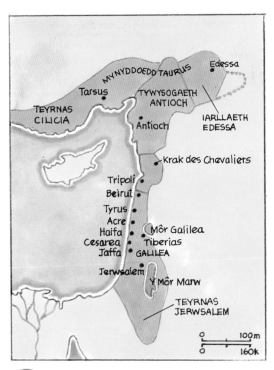

Map yn dangos tiroedd y Croesgadau a gipiwyd erbyn 1186

Arweiniwyd dwy fil saith gant o Foslemiaid, pob un ohonynt mewn cadwynau, y tu allan i'r mur, lle y lladdwyd pob copa walltog ohonynt.

B Barn Ambroise, Cristion o Ffrainc

C Llun yn dangos pennau dynol yn cael eu taflu i mewn i ddinas gan beiriannau taflu enfawr

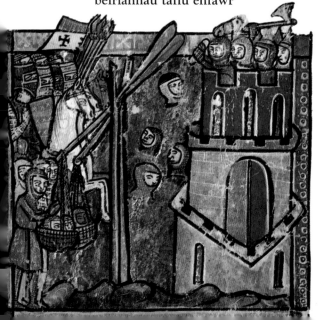

Y brwydro

Pan gyrhaeddodd Rhisiart I a Philip II y Wlad Sanctaidd yn 1191, bu'n rhaid iddyn nhw gipio dinas Acre ar yr arfordir. Roedd Acre wedi bod dan warchae am ddwy flynedd. Fe gymerodd ddau fis iddyn nhw ei chipio. Yna fe aeth Philip yn sâl ac roedd yn rhaid iddo fynd adref i Ffrainc. Ond arweiniodd Rhisiart ei fyddin i'r de a threchu lluoedd Saladin yn Arsuf. Pan gyrhaeddodd Jerwsalem, gwelodd Rhisiart nad oedd ei fyddin yn ddigon mawr i feddiannu'r ddinas. Cytunodd Rhisiart a Saladin ar gadoediad a dychwelodd Rhisiart i Loegr. Daeth y Drydedd Groesgad i ben.

Cafwyd pedair croesgad arall i'r Wlad Sanctaidd, ond ni lwyddodd yr un ohonynt i adennill Jerwsalem. Fe achosodd y croesgadwyr lawer o ddioddefaint a chreulondeb, a hynny ar brydiau ymhell cyn iddyn nhw gyrraedd y Wlad Sanctaidd. Mae tystiolaeth ysgrifenedig gennym o greulondeb y croesgadwyr (gweler ffynonellau B, C a D).

Canlyniadau'r Croesgadau

Mae gofyn i hanesydd benderfynu pa effaith a gaiff digwyddiadau ar bobl. Nid peth hawdd yw hyn o gwbl. Yn achos y Croesgadau, rhaid i hanesydd eu hystyried i gyd dros gyfnod hir o amser, a cheisio mesur y newidiadau a ddaeth yn eu sgil yn Ewrop.

Yn gyntaf, cynyddodd y Croesgadau'r cysylltiadau rhwng Ewrop a'r Dwyrain. Roedd y cysylltiadau hyn yn ymwneud â phrynu a gwerthu nwyddau. Yn ystod y cyfnodau o heddwch rhwng y Croesgadau, fe ddysgodd yr Ewropeaid gryn dipyn am y Moslemiaid. Fe ddysgon nhw, er enghraifft, fod gan y Moslemiaid amryw o ieithoedd ac arferion gwahanol, fel yr Ewropeaid eu hunain. Fe ddysgon nhw i werthfawrogi'r wybodaeth a oedd gan yr Arabiaid. Roedden nhw'n gwybod mwy na'r Ewropeaid am fathemateg a meddygaeth. Dechreuodd yr Ewropeaid **fewnforio** nwyddau megis sidan, aur, haearn, sebon a gwydr.

Cafodd y Croesgadau hefyd ddylanwad mawr ar adeiladu cestyll yn

Ch Llun o groesgadwr yn chwarae gwyddbwyll gyda Moslem

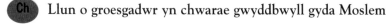

Ewrop. Aeth Edward I, er enghraifft, i'r Wlad Sanctaidd a gweld drosto'i hun y cestyll nerthol yr oedd y croesgadwyr wedi eu hadeiladu, gan gopïo syniadau'r Moslemiaid. Cafodd cynlluniau'r cestyll hyn ddylanwad ar y cestyll anferth a adeiladwyd ganddo yng Nghymru. Ond eto, er gwaetha'r cysylltiadau hyn, parhau i ddrwgdybio'r Arabiaid a wnâi'r Ewropeaid.

Fe arweinion nhw'r carcharorion Moslemaidd allan. Roedd Duw wedi penderfynu y byddent yn ferthyron y diwrnod hwnnw. Clymwyd ynghyd dros dair mil ohonynt â rhaffau ac yna fe'u lladdwyd. Fe ruthrodd y Ffrancwyr fel un dyn tuag atynt a'u lladd mewn gwaed oer.

D Disgrifiwyd y digwyddiad yn ffynhonnell B gan un o gefnogwyr Moslemaidd Saladin

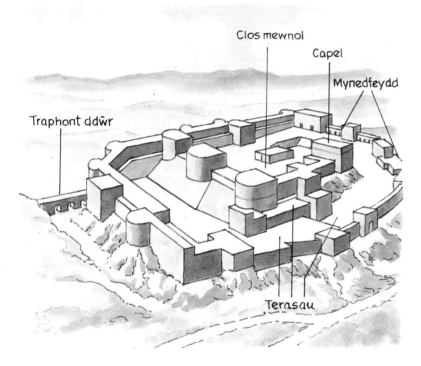

Clos mewnol
Capel
Mynedfeydd
Traphont ddŵr
Terasau

Dd Cynlluniau Castell y Croesgadwyr, Krak des Chevaliers, yn Syria

Cipiodd y Cristnogion lawer o ddarnau arian Moslemaidd ym Mhalesteina, Sbaen a Sisilia. O ganlyniad i hyn, daeth tywysogion yn gyfoethog a phrynu gan fasnachwyr foethusion a oedd wedi eu mewnforio o'r dwyrain …

E David Nicholas: *The Evolution of the Medieval World*

Nid yw pob hanesydd yn cytuno ar effaith y Croesgadau

Byddai'r naill awdur ar ôl y llall yn ailadrodd hen gelwyddau am Mohamed, ei fod yn epileptig, y byddai'n rhoi minlliw drosto ac yn trwytho'i hun mewn persawr. Fe'i gelwid yn 'dwyllwr' a hyd yn oed 'y Diafol' ei hun.

F Rhan o *A Letter to Christendom* gan Rana Kabbani

Does dim dwywaith na fu i'r Croesgadau hybu datblygiad masnach yn Ewrop.

Ff D J Genakoplos: *Western Civilization*

Dywedir i'r Croesgadau ysgogi masnach rhwng y dwyrain a'r gorllewin, ond fe orliwiwyd honiadau o'r fath.

G David Nicholas: *The Evolution of the Medieval World*

---

1 (a) Darllenwch ffynonellau B a D. Ym mha fodd mae ffynhonnell D yn cyd-fynd â ffynhonnell B?
   (b) Pa wybodaeth ychwanegol a roddir yn ffynhonnell D?
   (c) Pa ffynhonnell yw'r fwyaf dibynadwy yn eich barn chi? (Cliw: edrychwch ar yr awduron.)

2 (a) Lluniwch restr o effeithiau'r Croesgadau ar Ewrop. Pwy, yn eich barn chi, gafodd fwyaf o fudd o ganlyniad i'r newidiadau hyn?
   (b) Pwy na chafodd unrhyw fudd o'r newidiadau hyn, yn eich barn chi?

3 Paham rydych chi'n meddwl ei bod hi'n anodd i haneswyr gytuno ynglŷn â'r effeithiau a gafodd y Croesgadau ar fywyd yn Ewrop?

9 *Y* Brenin John a'r Magna Carta

A Dehongliad arlunydd o John yn Runnymede

B Carcharorion yn cael eu harteithio

Darlun a beintiwyd yn y bedwaredd ganrif ar bymtheg o'r Brenin John yn selio'r Magna Carta a geir yn ffynhonnell A. Geiriau Lladin yw Magna Carta a'u hystyr yw Siarter Fawr. Fe'i harwyddwyd gan John tua diwedd ei deyrnasiad yn 1215 yn Runnymede, sef ynys fechan yng nghanol Afon Tafwys. Camgymeriadau mwyaf John oedd ei ymgyrchoedd milwrol aflwyddiannus a'i gwerylon gyda'r barwniaid a'r Eglwys.

Yn fuan wedi iddo ddod yn frenin, torrodd rhyfel allan rhwng Lloegr a Ffrainc. Erbyn 1204, roedd John wedi colli holl diroedd Brenin Lloegr yng ngogledd Ffrainc, gan gynnwys Normandi. Treuliodd weddill ei deyrnasiad yn ceisio'u hennill yn ôl, ac yn ystod y cyfnod hwnnw cwerylodd â barwniaid pwysicaf Lloegr.

Roedd yn rhaid i John gael byddin fawr i ymosod ar Ffrainc. Rhaid oedd talu am y fyddin drwy godi trethi ychwanegol. Y trethi trwm hyn a ddigiodd y barwniaid, yn enwedig y barwniaid hynny na dderbyniodd unrhyw ffafrau ganddo.

Roedd gan John enw drwg am fod yn ddyn creulon. Yn 1200, dywedir iddo roi gorchymyn i ladd Arthur, ei nai pymtheng mlwydd oed. Yn 1208, pan ffraeodd William de Braose, un o Arglwyddi'r Mers, ag ef, fe daflodd wraig a phlant de Braose i'r carchar a'u gadael i lwgu i farwolaeth.

Yn ben ar y cyfan, fe gwerylodd John â'r Eglwys. Yn 1205, bu farw Archesgob Caer-gaint. Roedd John yn awyddus i'w ddyn ef fod yn archesgob. Ond roedd y Pab yn Rhufain, Innocent III, yn awyddus i Stephen Langton gael y swydd. Gwrthododd John gydweithredu. Meddiannodd holl diroedd yr Eglwys yn Lloegr. Yn 1208 fe **esgymunodd** y Pab John a gosod **gwaharddiad** ar Loegr. Golygai hyn nad oedd caniatâd i gynnal gwasanaethau ar y Sul ac y byddai'r eglwysi ar gau. Achosodd hyn lawer o anhapusrwydd.

Yn 1213 perswadiodd y Pab Philip, Brenin Ffrainc, i ymosod ar Loegr gan nad oedd John na phobl Lloegr yn perthyn i'r Eglwys Babyddol mwyach. Ond ar y funud olaf, fe ilidiodd John. Cytunodd i ganiatáu i Stephen Langton ddod yn Archesgob Caer-gaint ac fe ymddiheurodd i'r Pab Innocent am y trafferth yr oedd wedi ei achosi.

Yn 1214, trechodd y Ffrancwyr yr Ymerawdwr Otto IV, un o gynghreiriaid John, yn Bouvines. Roedd y barwniaid wedi cael digon ac fe godon nhw mewn gwrthryfel yn erbyn y brenin. Canlyniad hyn oedd y Magna Carta a arwyddwyd gan John ym Mehefin 1215.

Bu farw John yn 1216. Ond roedd telerau'r Magna Carta yma i aros. Yn ystod teyrnasiad mab John, sef Harri III (1216-72), gorfododd y barwniaid Harri i alw ynghyd y **Senedd** gyntaf yn hanes Lloegr. Yn y canrifoedd yn dilyn hyn, daeth y Senedd yn fwyfwy pwysig.

A oedd John yn frenin drwg?

Gallwch weld o'r disgrifiad hwn i John gael ei gyfrif mewn hanes yn ddyn drwg iawn. Mae hynny wedi ei seilio'n bennaf ar ddisgrifiadau sydd gennym o'r cyfnod hwnnw. Ond ceir syniadau gwahanol am John yn ffynonellau C, Ch a D.

Doedd ffyddlondeb i Dduw, dyn na chyfraith yn golygu dim iddo.

 C Prévite-Orton: *The Cambridge History of the Middle Ages* (1952)

Dengys cofnodion y sawnsri i John gymryd diddordeb byw yn llywodraeth y wlad o ddydd i ddydd … nid oedd yn segur … Nid oedd John yn llwfrgi … roedd ganddo wir ddidordeb yn y system gyfreithiol.

 Ch A L Poole: *Domesday Book to Magna Carta* (1964)

Yn ei dymer, byddai John yn crensian ei ddannedd a symud ei lygaid rhyfedd yn gynddeiriog. Wedyn fe fyddai weithiau'n codi brigau a gwellt a'u cnoi fel dyn o'i go' ac weithiau fe fyddai'n eu taflu wedi hanner eu cnoi.

 D Dyma ddisgrifiad Mathew o Baris, mynach a oedd yn byw rhwng 1200 a 1259, o John

Dim trethi newydd heb gytundeb

Dylai trefi gadw eu breintiau

Dim carchar heb dreial i wŷr rhydd

Dim ymyrraeth â'r Eglwys

Bydd etifedd yn etifeddu heb ymyrraeth

Bydd gweddwon yn etifeddu heb ymyrraeth

Bydd masnachwyr yn gallu teithio yn rhwydd

Bydd 25 Barwn yn sicrhau na thorrir yr addunedau hyn

Dd Darlun modern yn dangos telerau'r Magna Carta

---

1 (a) Astudiwch delerau'r Magna Carta yn ffynhonnell Dd. Pa grwpiau o bobl a effeithiwyd gan y gwahanol gymalau? Rhowch rhesymau dros eich atebion.

(b) Pa rannau o'r cytundeb a effeithiodd ar bawb yn y wlad?

2 Pam rydych chi'n meddwl bod colli Normandi yn newyddion drwg i arweinwyr Cymru, yr Alban ac Iwerddon?

3 Defnyddiwch yr holl wybodaeth a geir yn y bennod hon i ateb y cwestiwn canlynol:
A oedd John yn frenin drwg?

IO Oes y ddau Lywelyn, 1194-1282

Teyrnasiad Llywelyn Fawr 1194-1240

Llywelyn Fawr oedd y brenin Cymreig cyntaf i uno Cymru yn erbyn y Normaniaid. Ef oedd tywysog Gwynedd rhwng 1194 ac 1240. Gwynedd oedd y deyrnas gryfaf yng Nghymru. Roedd ei mynyddoedd uchel garw yn ei diogelu mewn cyfnodau o helyntion. Ar adegau felly, gallai pobl Gwynedd gael bwyd o ynys Môn.

Roedd Llywelyn wedi cipio Gwynedd oddi wrth ei gefndryd. Er mwyn ei gwneud hi'n deyrnas bwerus, copïodd Llywelyn y dulliau a ddefnyddiodd Gwilym Goncwerwr i wneud Lloegr yn gryfach. (Mae ffynhonnell B yn crynhoi'r hyn a wnaeth.)

Aeth Llywelyn ati wedyn i feddiannu gweddill Cymru. Brenhinoedd gwan oedd mewn grym ym Mhowys a Deheubarth ar y pryd. Ni chafodd unrhyw anhawster i'w wneud ei hun yn ben arnynt. Yn 1216 daeth llywodraethwyr y Deheubarth ynghyd yn Aberdyfi i dderbyn penderfyniad Llywelyn ynglŷn â'r modd y dylai eu tiroedd gael eu rhannu.

Llywelyn ac Arglwyddi'r Mers

Os oedd Llywelyn o ddifrif ynglŷn ag uno Cymru gyfan, roedd yn gwybod y byddai'n rhaid iddo drechu Arglwyddi'r Mers. Roedd tua hanner y wlad yn eu meddiant. Y barwn Normanaidd pwysig cyntaf iddo gweryla ag ef oedd William Marshall, Arglwydd Penfro. Digwyddodd hyn yn 1220 pan gwynodd Llywelyn fod dynion Marshall yn ceisio dwyn tir a gwartheg ei ddeiliaid Cymreig. Ymosododd Llywelyn ar Ddyfed yn 1220. Dinistriodd ddau gastell a

A Dehongliad arlunydd o Dafydd ap Llywelyn yn cael ei gydnabod yn wir etifedd teyrnas ei dad

B (*Isod a'r dde*) Llywelyn a'i bolisïau

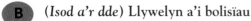

Adeiladodd gestyll cerrig megis Castell Dolbadarn a Chastell y Bere

Penododd Gymry i safleoedd pwysig yn yr Eglwys

Fe gododd drethi

Ffurfiodd gyngor o ddynion galluog i redeg y wlad

rhoi tref Hwlffordd ar dân. Yn 1223, trawodd William Marshall yn ôl ac ailfeddiannu cestyll Caerfyrddin ac Aberteifi.

Ymladdodd Llywelyn hefyd yn erbyn William de Braose, un arall o arglwyddi pwerus y Mers. Yn 1228 daliwyd de Braose a bu'n rhaid iddo dalu i Lywelyn am ei ryddid. Ond yn 1230 darganfu Llywelyn fod ei wraig Siwan yn cael perthynas gyda de Braose. Y canlyniad fu i de Braose gael ei grogi a gorfu i Siwan ei wylio'n cael ei ddienyddio.

Llywelyn a Brenhinoedd Lloegr

Rhwng 1199 a 1216, y Brenin John oedd yn rheoli yn Lloegr. Teimlai John fod Llywelyn yn mynd yn rhy bwerus. Penderfynodd ddysgu gwers iddo. Yn 1211 ymosododd John ar Gymru a threchu Llywelyn. Erbyn hynny, fodd bynnag, roedd gan John ddigon o broblemau gyda'i farwniaid gartref yn Lloegr.

Wedi i John farw, arwyddodd Llywelyn gytundeb heddwch gyda Harri III, mab John, yng Nghaerwrangon. Yn ôl y cytundeb hwn, caniatawyd i Lywelyn gadw'r holl dir yr oedd wedi'i ennill a chafodd ei gydnabod yn brif lywodraethwr Cymru.

A ellid cadw Cymru'n unedig am byth?

Roedd Llywelyn yn benderfynol o gadw Cymru'n unedig wedi iddo farw. Roedd ganddo ddau fab, Dafydd a Gruffudd. Yn ôl Cyfraith Hywel Dda byddai'n rhaid rhannu Gwynedd rhyngddynt. Ond mynnodd Llywelyn fod y deyrnas yn cael ei throsglwyddo i ofal Dafydd. Roedd Gruffudd yn anghytuno'n gryf â hyn. Taflodd Llywelyn ef i'r carchar. Yn 1238, galwodd Llywelyn gyfarfod arall o arweinwyr Cymru yn Ystrad Fflur. Yno mynnodd eu bod yn tyngu llw o ffyddlondeb i Dafydd (gweler ffynhonnell A).

Yn ystod y flwyddyn honno, daeth William Marshall i'r Deheubarth o Iwerddon a chanddo lynges fawr a llu o farchogion a milwyr traed; a glaniodd yn Nhyddewi ar Sul y Blodau. Ac yna ar Ddydd Gwener y Groglith, a heb unrhyw rybudd, gorfodwyd i'r castell ildio. A phan glywodd Llywelyn am hyn, anfonodd ei fab Gruffudd gyda llu o ddynion yn erbyn yr iarll; oherwydd i'r cestyll hyn gael eu rhoi i Lywelyn gan y Brenin.

 Ch Cofnodwyd y digwyddiad y sonnir amdano yn ffynhonnell C hefyd yn *Brut y Tywysogion*

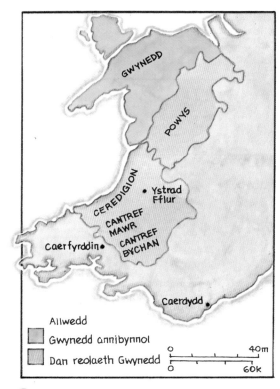

D Map o Gymru yn 1237

Tra oedd William Marshall yn Iwerddon, cipiodd Llywelyn, Brenin Cymru, ddau gastell a thorri i ffwrdd ben pob copa walltog oedd ynddynt, ac yna gadawodd y cestyll hyn yn nwylo'i ddilynwyr Cymreig.

C Ysgrifennodd Roger o Wendover, mynach yn St Albans, am y gwrthdaro rhwng Llywelyn a William Marshall

---

1 Lluniwch linell amser o'r prif ddigwyddiadau yn nheyrnasiad Llywelyn Fawr.

2 (a) Ym mha ffyrdd mae ffynonellau C ac Ch yn debyg i'w gilydd?

  (b) Ym mha ffyrdd y maent yn wahanol i'w gilydd?

3 Ym mha fodd mae ffynhonnell Ch yn ffafrio Llywelyn? Beth yw'r rhesymau dros hynny?

4 Edrychwch ar ffynhonnell A. Pwy yw'r bobl sy'n cymryd rhan yn y seremoni hon? Pwy yw 1, 2, 3 a 4?

5 Edrychwch ar ffynhonnell D. Beth oedd angen i Dafydd ei wneud wedi iddo ddod yn frenin?

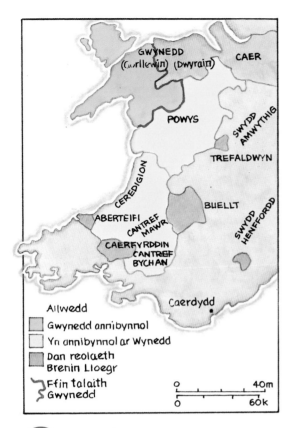

A Map o Gymru yn 1247

Dafydd ap Llywelyn yn colli popeth

Chwe blynedd yn unig y parodd teyrnasiad Dafydd ap Llywelyn, o 1240 hyd 1246. Methodd gadw cefnogaeth arweinwyr y Cymry. Dewison nhw ochri gyda Gruffudd, ei frawd. Manteisiodd Harri III ar y cwerylon hyn gan roi Gruffudd yn y carchar. Ond yn 1244 lladdwyd Gruffudd wrth iddo geisio dianc o Dŵr Llundain. Yn 1247 ymosododd Harri III ar Wynedd ac fe gafodd y deyrnas ei lleihau. (Mae ffynhonnell A yn dangos y tiroedd a gipiwyd gan Harri.)

Ar ôl 1247 caewyd y Cymry i mewn gan y Saeson. Roedd Harri III yn rheoli cyfres o gestyll o amgylch Gwynedd a bu'n rhaid i arweinwyr eraill y Cymry dyngu llw o ffyddlondeb iddo. Cefnogwyd Harri III hefyd gan Arglwyddi'r Mers. Ymddangosai mai mater o amser oedd hi cyn y byddai gweddill Cymru yn nwylo'r Saeson.

Fodd bynnag, yn ystod y tri deg mlynedd nesaf trawodd gwŷr Gwynedd yn ôl. Eu harweinydd oedd Llywelyn ap Gruffudd. Roedd wedi ei wneud ei hun yn unig arweinydd Gwynedd a gorfodi Powys a Deheubarth i fod yn ffyddlon iddo ef yn hytrach nag i Harri III. Yn 1258 mabwysiadodd Llywelyn y teitl Tywysog Cymru.

Penderfynodd Harri III ddysgu gwers i Llywelyn. Ond fe'i rhwystrwyd rhag gwneud hynny oherwydd i'w brif farwniaid yn Lloegr godi mewn gwrthryfel yn ei erbyn dan arweiniad Simon de Montfort. Yn 1265 ymunodd Llywelyn â Simon de Montfort a phriodi ei ferch. Yn 1267 arwyddodd Harri gytundeb newydd gyda Llywelyn yn Nhrefaldwyn. Dyma gynnwys Cytundeb Trefaldwyn:

1) Roedd Harri yn cydnabod Llywelyn yn Dywysog Cymru.
2) Caniatawyd i Llywelyn siarad ar ran arglwyddi Cymru a thalu swm o arian i Harri.
3) Rhaid i Harri roi'r holl diroedd a gymerwyd ganddo yn 1247 yn ôl i Llywelyn.

Roedd Gwynedd yn awr yn fwy ac yn gryfach o lawer. Roedd yn ymddangos bod Llywelyn ar fin uno Cymru fel yr oedd Llywelyn Fawr wedi llwyddo i'w wneud.

Llywelyn ap Gruffudd ac Edward I

Bu Harri III farw yn 1272. Cymerwyd ei le gan ei fab Edward I. Roedd Edward yn gymeriad cryfach na'i dad. Roedd yn benderfynol o'i wneud ei hun yn feistr ar Brydain gyfan. Cymru oedd y wlad gyntaf ar ei restr. Yn wahanol i'w dad, llwyddodd Edward i gael yr arglwyddi i'w gefnogi, gan gynnwys Arglwyddi'r Mers. Roedden nhw'n ofni y byddai Llywelyn yn dwyn eu tiroedd. Yn 1268, dinistriodd Llywelyn gastell yr oedd Gilbert de Clare yn ei adeiladu yng Nghaerffili a bu raid i de Clare adeiladu castell cryfach fyth yno.

Mantais arall oedd gan Edward dros Llywelyn oedd y gallai elwa ar gwerylon Llywelyn ag arglwyddi eraill Cymru. Roedd Llywelyn yn dechrau ymddwyn fel brenin Cymru gyfan ac roedd yn gas gan yr arglwyddi eraill hynny. Yn 1274, aeth un o'r arglwyddi hyn, Gruffudd ap Gwenwynwyn o Bowys, gyda help Dafydd ap Gruffudd, brawd Llywelyn, ati i gynllwynio i lofruddio Llywelyn. Methodd y **cynllwyn** a bu'n rhaid i Dafydd ffoi i Loegr.

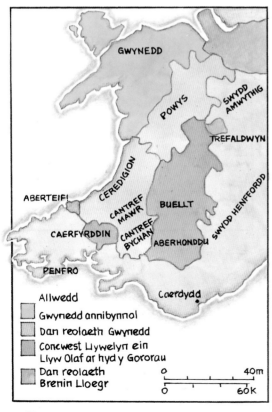

B Map o Gymru yn 1267

Teimlai Llywelyn ei fod ar yr un lefel ag Edward I. Penderfynodd beidio â mynd i seremoni coroni Edward I a gwrthododd dalu teyrnged iddo. Rhoddodd Edward orchymyn i Llywelyn bum gwaith rhwng 1274 a 1276 a gwrthododd Llywelyn ei weld bob tro. Yn y diwedd, cafodd Edward ddigon ar hyn. Yn 1277 cyhoeddodd Edward I ryfel yn erbyn Llywelyn ac ymosod ar Gymru.

C Mae'r llun yma'n dangos Llywelyn ap Gruffudd (1) ac Alexander III o'r Alban (2) yn un o Seneddau Edward I. Llun dychmygol yw hwn a beintiwyd yn 1534, dros 250 o flynyddoedd ar ôl teyrnasiad Edward I (3)

1 Cymharwch y mapiau yn ffynonellau A a B. Ym mha ffordd maen nhw'n debyg i'w gilydd? Ym mha ffordd maen nhw'n wahanol i'w gilydd?

2 Pam, yn eich barn chi, roedd arweinwyr Powys a'r Deheubarth yn gwrthwynebu Dafydd ap Llywelyn a Llywelyn ap Gruffudd?

3 (a) Edrychwch ar ffynhonnell C. Pa syniad mae'r arlunydd yn ceisio'i gyfleu yn yr olygfa hon?

(b) Ym mha ffordd y gallai ffynhonnell C roi camargraff o'r hyn ddigwyddodd mewn gwirionedd yn ystod teyrnasiad Edward I?

4 Yn y cweryl rhwng Llywelyn ap Gruffudd ac Edward I, pwy yn eich barn chi, oedd yn iawn? Oedd y ddau ohonyn nhw'n iawn? Rhowch resymau dros eich ateb.

Sut y bu Llywelyn farw?

Ac yna, yng nghlochdy eglwys gadeiriol Bangor, y bradychwyd Llywelyn gan ei ddynion ei hun.

 Brut y Tywysogion

Y tu hwnt i Afon Gwy, roedd gwŷr y Brenin yn gwersylla dan arweiniad yr Arglwydd Giffard a'r Arglwydd Mortimer. Yna fe welwyd Llywelyn gan Stephen de Frankton, un o'n milwyr. Aeth de Frankton a rhai o'r milwyr ar ei ôl … er na wyddai pwy ydoedd. Fe'i lladdodd ef gyda'i waywffon ei hun. Dim ond wedi hynny y gwelwyd mai corff Llywelyn ydoedd.

B **Disgrifiodd Walter o Guisborough hefyd farwolaeth Llywelyn**

Cynllwyniodd yr Arglwydd Roger Mortimer i ladd Llywelyn drwy dwyll. Pan gyrhaeddodd gwŷr Llywelyn y man, ymosododd ei elynion arno a'i ladd.

C **Cronicl Hagnaby**

Gwyddys i'r person a oedd yn bresennol adeg marwolaeth Llywelyn ddod o hyd i lythyr brad dan enw ffug wedi ei guddio ar ei gorff.

Ch **Rhan o lythyr a anfonwyd gan yr Archesgob Pecham at Edward I**

Llywelyn yn cael ei drechu

Roedd rhyfel 1277 drosodd ymhen ychydig fisoedd. (Gwelir yn ffynhonnell D sut y llwyddodd Edward i drechu Llywelyn.)

1) Roedd Gwynedd erbyn hyn wedi'i hamgylchynu gan diroedd o dan reolaeth Edward I.
2) Adeiladwyd cestyll newydd, neu ailarfogi hen gestyll, er enghraifft Rhuddlan, y Fflint ac Aberystwyth.
3) Penodwyd swyddogion o Loegr i weithredu cyfraith Loegr mewn ardaloedd a arferai gael eu rheoli gan arglwyddi Cymru.
4) Roedd arglwyddi Powys a Deheubarth bellach yn weision i Frenin Lloegr.

Rhoddwyd tiroedd i'r dwyrain o Afon Conwy i Dafydd fel gwobr am helpu'r Saeson. Fodd bynnag, yn ystod y blynyddoedd nesaf, dechreuodd y Cymry gwyno ynglŷn â'r modd yr oedd y swyddogion o Loegr yn eu trin. O ganlyniad, penderfynodd Dafydd wrthryfela yn erbyn y Saeson. Ymosododd ef a'i ddynion ar dref Penarlâg a'i llosgi ar Sul y Blodau 1282. Lledodd y gwrthryfel i bob ardal yng Nghymru a oedd dan reolaeth Edward I.

Penderfynodd Llywelyn ymuno â'r gwrthryfel. Yna cyhoeddodd Edward ryfel ac ymosod ar Gymru gyda byddin anferth. Unwaith eto ymosododd ar Wynedd o dri chyfeiriad gwahanol. Y tro yma, methodd y Saeson gipio Môn. Symbylodd y fuddugoliaeth hon Llywelyn i wrthymosod. Arweiniodd ei ddynion allan o'i gadarnle mynyddig i gyfeiriad Buellt yng nghanolbarth Cymru. Nid nepell o Fuellt, mewn llecyn anghysbell o'r enw Cilmeri, lladdwyd Llywelyn ar 11 Rhagfyr 1282.

 Map o Gymru yn dangos llwybrau ymgyrch Edward I, 1267-77

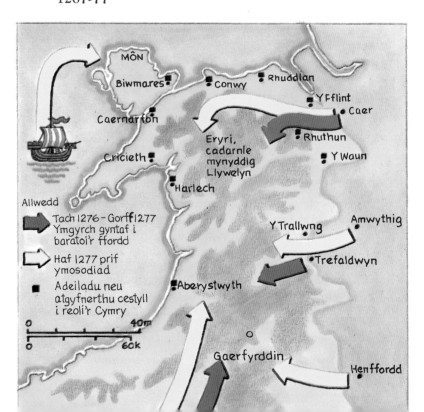

Effaith marwolaeth Llywelyn

O laith Llywelyn cof dyn
ni'm daw.
Oerfelawg calon dan fron o
fraw,
Rhewydd fal crinwydd y sy'n
crinaw.
Poni welwch-chwi hynt y
gwynt a'r glaw?
Poni welwch-chwi'r deri'n
ymdaraw?
Poni welwch-chwi'r môr yn
merwinaw'r tir?
Poni welwch-chwi'r haul yn
hwylaw'r awyr?
Poni welwch-chwi'r sŷr wedi
r'syrthiaw?

Here lies the prince of errors.
A traitor and a thief,
A flaring, flaming firebrand,
The malefactor's chief.
The Wild evil genius.
Who sought the good to kill,
Dregs of the faithless Trojans.
And source of every ill.

Dd (uchod) Cerdd gan William Rishanger, mynach o St Albans

E (chwith) Cyfansoddodd Gruffudd ab yr Ynad Coch y gerdd hon wedi iddo glywed am farw Llywelyn

Ff Cerflun dychmygol o'r ugeinfed ganrif o Llywelyn ap Gruffudd, yn Neuadd y Ddinas, Caerdydd

A oedd yn rhaid i Llywelyn golli?

Pe gallai eu tywysogion ddod i gytundeb â'i gilydd ac uno i amddiffyn eu gwlad - neu yn well fyth, pe bai ganddynt un tywysog fel un da - a hwythau'n byw fel y maent mewn gwlad sydd mor anhygyrch ac sydd wedi ei diogelu cystal, ni allaf weld sut y gallai cenedl mor rymus gael ei goresgyn fyth. Pe baent yn unedig, ni allai neb eu trechu. Mae ganddynt dair mantais: amddiffynnir eu gwlad gan natur; maent yn gyfarwydd â byw ar y nesaf peth i ddim ac mae'r holl genedl wedi ei dysgu sut i ddefnyddio arfau. Milwyr wedi eu hurio yw lluoedd Lloegr, mae'r Cymry yn amddiffyn eu mamwlad.

  F Barn Gerallt Gymro

Ac eto, mewn gwirionedd, roedd y siawns y gallai Cymru, hyd yn oed Cymru lai, barhau fel uned annibynnol yn fychan iawn ... Wedi i frenhiniaeth Lloegr ganolbwyntio'i holl egni a'i grym ar Gymru, roedd dyddiau'i hannibyniaeth wedi eu rhifo.

G Mae R R Davies, hanesydd Cymreig modern, yn anghytuno â barn Gerallt Gymro (ffynhonnell F)

---

1 Trafodwch y canlynol mewn grwpiau:
Pan wrthryfelodd Dafydd ap Gruffudd yn erbyn Edward I yn 1282, beth ddylai Llywelyn fod wedi ei wneud?
  (a) Peidio â chael ei dynnu i mewn i'r gwrthdaro (cofiwch i Edward I drechu Llywelyn yn 1277);
  (b) Ymuno gydag Edward yn erbyn Dafydd (cofiwch i Dafydd fradychu Llywelyn, er ei fod yn frawd iddo);
  (c) Ymuno gyda Dafydd yn erbyn Edward I (cofiwch fod Dafydd yn arwain gwrthryfel cenedlaethol a bod Llywelyn yn Dywysog Cymru).
Pam, yn eich barn chi, y bu i Llywelyn ddewis y trydydd opsiwn?

2 Darllenwch y ddau ddetholiad o farddoniaeth yn ffynonellau Dd ac E. Maent yn cyfleu teimladau'r awduron. Pa werth sydd iddynt fel ffynonellau hanesyddol?

3 Sut rydych chi'n gwybod bod ffynhonnell C o blaid Llywelyn a ffynhonnell Ch yn ei erbyn?

4 Edrychwch ar ffynhonnell Ff. Cerflun modern dychmygol o Llywelyn yw hwn. Ym mha fodd y caiff Llywelyn ei bortreadu? Pam rydych chi'n credu iddo gael ei bortreadu fel hyn?

5 'Doedd dim gobaith i Llywelyn ennill.' Rhannwch yn ddau grŵp, un o blaid y datganiad, a'r llall yn erbyn. Rhestrwch eich prif resymau gan roi enghreifftiau i'w cefnogi.

I ba raddau yr oedd Cymru a Phrydain wedi newid erbyn 1300?

A Map o Gymru yn 1284

Prif Ustusiaid De Cymru
1298 - Walter Pederton
1300 - John Havering
1301 - Walter Hakelut
1305 - Walter Pederton
Bedliaid Mabelfyw
1278-88 - Llywelyn ap Gruffudd
1301-1302 - Dafydd ap Madog

Golwg fanylach ar Gymru: y Dywysogaeth

Erbyn 1300 roedd pob mymryn o annibyniaeth Gymreig wedi ei llwyr ddileu. Roedd Edward I wedi dwyn coron Llywelyn ap Gruffudd a'i chadw yn Abaty Westminster. Roedd unig blentyn Llywelyn, merch o'r enw Gwenllian, wedi ei hanfon i ffwrdd i fod yn lleian. Gorfu i'w unig frawd, Rhodri, fyw yn Lloegr. Yn 1301 gwnaeth Edward ei fab ei hun - Edward oedd ei enw ef hefyd - yn 'Dywysog Cymru'.

Trefi Seisnig

Sefydlodd Edward I drefi o amgylch y cestyll a adeiladwyd ganddo. Saeson yn unig oedd yn cael byw ynddynt. Bu'n rhaid i'r Cymry a oedd yn arfer byw yn yr ardaloedd hynny symud. Pe byddai'r Cymry eisiau prynu a gwerthu eu nwyddau, dim ond yn y trefi hyn y gallen nhw wneud hynny. Roedden nhw'n fwrdeistrefi brenhinol.

Cyfraith Loegr

Yn ôl **Statud** Rhuddlan, a gyhoeddwyd gan Edward I yn 1284, gorfodwyd cyfraith Loegr ar Gymru. Penodwyd barnwyr Seisnig a chrëwyd llysoedd Seisnig. Ond caniatawyd i gyfraith Cymru barhau mewn rhai achosion. Er enghraifft, pan fyddai uchelwr yn marw, byddai ei dir yn dal i gael ei rannu ymhlith ei feibion.

Swyddogion Seisnig

Rhoddwyd swyddogion Seisnig i reoli **Tywysogaeth** Cymru. Roedd Prif **Ustus** Gogledd Cymru yn byw yng Nghastell Caernarfon a Phrif Ustus De Cymru yn byw yng Nghastell Caerfyrddin. Rhannwyd Gwynedd a Deheubarth yn siroedd: Sir Fôn, Sir Gaernarfon, Sir Feirionnydd a Sir Fflint, Sir Aberteifi a Sir Gaerfyrddin. Rheolwyd pob sir gan siryf a oedd yn gyfrifol i'r Prif Ustus. Gwaith y siryf fyddai casglu dirwyon a threthi, ond roedd swyddogion eraill hefyd, er enghraifft y bedl a'r maer a oedd yn aml yn Gymry.

---

1   Cymharwch ffynhonnell B â ffynhonnell C ar dudalen 5. Disgrifiwch un newid a oedd wedi digwydd yn hanes Cymru, Lloegr, yr Alban ac Iwerddon, gan roi sylw i'r modd roedden nhw'n cael eu rheoli.

2   Lluniwch restr o'r newidiadau a ddigwyddodd yng Nghymru o ganlyniad i'r goncwest Normanaidd.

3   (a) Pa wybodaeth yn y tudalennau hyn sy'n awgrymu bod y system a sefydlwyd gan Edward I yn amhoblogaidd?
    (b) Pa wybodaeth yn y tudalennau hyn sy'n awgrymu bod y system a sefydlwyd gan Edward I yn dderbyniol gan y Cymry?

4   Pam, yn eich barn chi, yr adeiladwyd trefi o amgylch cestyll Edward I?

B Map o Ynysoedd Prydain yn 1300

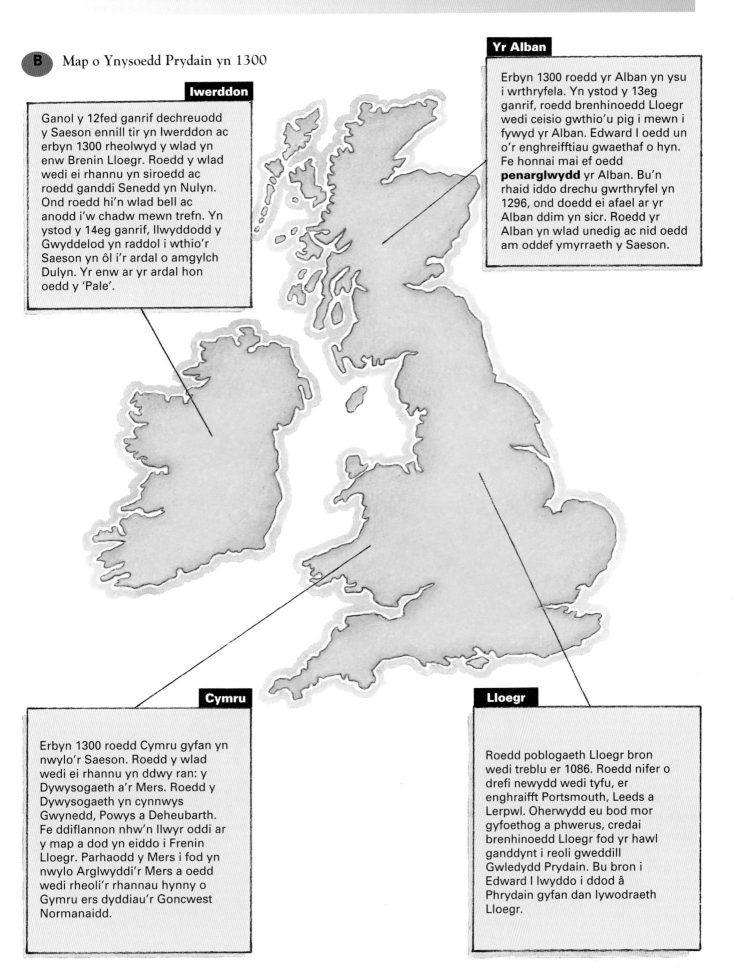

Yr Alban

Erbyn 1300 roedd yr Alban yn ysu i wrthryfela. Yn ystod y 13eg ganrif, roedd brenhinoedd Lloegr wedi ceisio gwthio'u pig i mewn i fywyd yr Alban. Edward I oedd un o'r enghreifftiau gwaethaf o hyn. Fe honnai mai ef oedd **penarglwydd** yr Alban. Bu'n rhaid iddo drechu gwrthryfel yn 1296, ond doedd ei afael ar yr Alban ddim yn sicr. Roedd yr Alban yn wlad unedig ac nid oedd am oddef ymyrraeth y Saeson.

Iwerddon

Ganol y 12fed ganrif dechreuodd y Saeson ennill tir yn Iwerddon ac erbyn 1300 rheolwyd y wlad yn enw Brenin Lloegr. Roedd y wlad wedi ei rhannu yn siroedd ac roedd ganddi Senedd yn Nulyn. Ond roedd hi'n wlad bell ac anodd i'w chadw mewn trefn. Yn ystod y 14eg ganrif, llwyddodd y Gwyddelod yn raddol i wthio'r Saeson yn ôl i'r ardal o amgylch Dulyn. Yr enw ar yr ardal hon oedd y 'Pale'.

Cymru

Erbyn 1300 roedd Cymru gyfan yn nwylo'r Saeson. Roedd y wlad wedi ei rhannu yn ddwy ran: y Dywysogaeth a'r Mers. Roedd y Dywysogaeth yn cynnwys Gwynedd, Powys a Deheubarth. Fe ddiflannon nhw'n llwyr oddi ar y map a dod yn eiddo i Frenin Lloegr. Parhaodd y Mers i fod yn nwylo Arglwyddi'r Mers a oedd wedi rheoli'r rhannau hynny o Gymru ers dyddiau'r Goncwest Normanaidd.

Lloegr

Roedd poblogaeth Lloegr bron wedi treblu er 1086. Roedd nifer o drefi newydd wedi tyfu, er enghraifft Portsmouth, Leeds a Lerpwl. Oherwydd eu bod mor gyfoethog a phwerus, credai brenhinoedd Lloegr fod yr hawl ganddynt i reoli gweddill Gwledydd Prydain. Bu bron i Edward I lwyddo i ddod â Phrydain gyfan dan lywodraeth Lloegr.

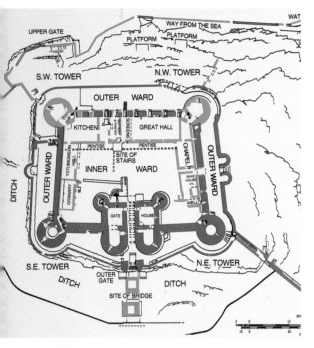

A Cynllun Castell Harlech

B Castell Harlech heddiw

Cestyll brenhinol Seisnig

Erbyn 1300 roedd Edward I wedi amgylchynu hen deyrnas Gwynedd â chadwyn o gestyll cerrig anferth: Aberystwyth, Buellt, Biwmares, Caernarfon, Conwy, Fflint, Harlech, Rhuddlan a Rhuthun. Eu pwrpas oedd cadw llygad ar y Cymry, gan wneud yn siŵr y byddai'n hawdd eu trechu, pe baen nhw'n gwrthryfela.

Gwariodd Edward I ffortiwn ar y cestyll hyn - £80,000, sef swm a fyddai'n gyfwerth â £10 miliwn heddiw. Ei brif bensaer oedd Master James o St George, adeiladwr cestyll disglair o dref Savoy ar ffiniau Ffrainc. Roedd ei gynlluniau wedi eu seilio ar yr egwyddor gonsentrig. Byddai gan gestyll consentrig dyrau eithriadol o gryf a dau gylch o furiau trwchus i amddiffyn pyrth y castell. Pe byddai'r gelyn yn llwyddo i ddod dros y mur allanol, gallai'r amddiffynwyr eu lladd nhw'n rhwydd o'r mur mewnol.

Mae castell Harlech yn enghraifft dda o'r math hwn o gastell. Adeiladwyd y castell dros gyfnod o saith mlynedd rhwng 1283 a 1290. Cyflogwyd dros 1000 o weithwyr ar gyfer yr adeiladu, gan gynnwys seiri meini, cloddwyr a seiri coed. Roedden nhw'n cael eu casglu o bob rhan o Loegr a'u gorfodi i weithio ar y safle hwn. Dewisodd Master James y safle yn ofalus - clogwyn creigiog uchel yn ymestyn i'r môr.

Rhoddwyd prawf ar gastell Harlech yn 1295 pan gododd y Cymry mewn gwrthryfel dan Madog ap Llywelyn. Parhaodd y gwrthryfel am naw mis. Gosododd Madog warchae ar gastell Harlech, ond er gwaethaf pob cynnig, methodd y Cymry gipio'r castell, oherwydd gallai'r amddiffynwyr Seisnig gael bwyd o gyfeiriad y môr.

C (chwith) Gweithwyr adeiladu yn derbyn eu cyflog

Ch (isod) Gorfodi'r gweithwyr i adeiladu cestyll y brenin yng ngogledd Cymru 1282-83

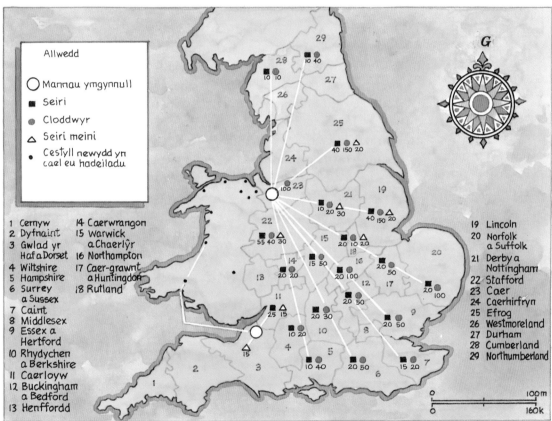

Allwedd

○ Mannau ymgynnull
■ Seiri
● Cloddwyr
△ Seiri meini
• Cestyll newydd yn cael eu hadeiladu

1 Cernyw
2 Dyfnaint
3 Gwlad yr Haf a Dorset
4 Wiltshire
5 Hampshire
6 Surrey a Sussex
7 Caint
8 Middlesex
9 Essex a Hertford
10 Rhydychen a Berkshire
11 Caerloyw
12 Buckingham a Bedford
13 Henffordd

14 Caerwrangon
15 Warwick a Chaerlŷr
16 Northampton
17 Caer-grawnt a Huntingdon
18 Rutland

19 Lincoln
20 Norfolk a Suffolk
21 Derby a Nottingham
22 Stafford
23 Caer
24 Caerhirfryn
25 Efrog
26 Westmoreland
27 Durham
28 Cumberland
29 Northumberland

1 (a) Enwch y cestyll a adeiladwyd gan Edward I yng Nghymru. Pam yr adeiladwyd nhw?
(b) Rhowch dri rheswm yn esbonio pam roedden nhw wedi eu hadeiladu ger y môr.
(c) Beth oedd cryfderau Castell Harlech?

2 (a) Pam mai gweithwyr Seisnig yn unig ddefnyddiwyd i adeiladu'r cestyll yng Nghymru?
(b) Pam y bu'n rhaid eu gorfodi i weithio yno?

3 (a) Edrychwch ar ffynhonnell Ch. O ba siroedd y daeth y nifer mwyaf o weithwyr?
(b) Pam yr oedd Caer yn fan cyfleus i'w cynnull at ei gilydd?

4 Disgrifiwch beth a welwch yn ffynhonnell C.

5 Rydych yn uchelwr Cymreig sy'n byw yn 1300. Disgrifiwch yn llawn y newidiadau sydd wedi digwydd er 1282 (gan gyfeirio hefyd at dudalennau 40 a 41).

Disgrifiadau Gerallt Gymro o'r ffordd Gymreig o fyw:

Mae'r rhan fwyaf o'r ffermio'n ffermio bugeiliol; ychydig iawn o gnydau a dyfir.

A   Amaethyddiaeth

Mae'r holl boblogaeth yn byw bron yn gyfan gwbl ar geirch a chynnyrch eu preiddiau, llaeth, caws a menyn. Maent yn bwyta digonedd o gig, ond ychydig o fara. Ni roddir unrhyw werth ar fasnach, mordeithio na diwydiant …

B   Bwyd y bobl

Yng Nghymru, ni fydd neb yn cardota. Mae cartref pawb yn agored i bawb … Caiff gwesteion eu diddanu hyd yr hwyrnos gan ferched sy'n canu'r delyn.

C   Adloniant

Ch   Dehongliad arlunydd o diroedd un o Arglwyddi'r Mers

Golwg fanylach ar Gymru: y Mers

Roedd rhannau helaeth o Gymru wedi eu concro gan farwniaid Seisnig ymhell cyn 1282. Fel y gwelsom eisoes, yr enw ar eu tiroedd oedd y Mers, sy'n golygu tir y gororau. Caent eu rheoli'n wahanol i diroedd Lloegr.

Yn gyntaf, roedd tiroedd y Mers yn cynnwys dwy ran - yr iseldir lle roedd y tir gorau, a'r ardal dlotach, fwy mynyddig gyda'i choedwigoedd a'i gweunydd. Y Saesonaeth oedd yr enw ar yr iseldir a mewnfudwyr o Saeson a Normaniaid oedd yn byw yno gan mwyaf; y Frodoraeth oedd yr enw ar yr ucheldir lle roedd y Cymry'n byw.

Yn ail, roedd Arglwyddi'r Mers yng Nghymru yn fwy pwerus na barwniaid Lloegr. Mewn theori, roedden nhw i fod i wasanaethu Brenin Lloegr. Ond yn ymarferol, roedden nhw'n gallu ymddwyn fel mân frenhinoedd, gan arwain eu byddinoedd eu hunain pryd bynnag y mynnent, a gweinyddu eu deddfau a'u harferion eu hunain.

Byddai pob Arglwydd y Mers yn cadw'r tir gorau iddo'i hun ac yn rhannu'r gweddill ymhlith ei farchogion. Fe fydden nhw'n talu'r arglwydd drwy wasanaethu yn ei fyddin. Byddai'r marchogion yn trefnu eu 'ffïoedd' (darnau o dir) yn faenorau. Roedd y faenor yn cynnwys maenordy'r arglwydd, yr eglwys a'r pentref lle roedd y werin bobl yn byw. Roedd nifer o gaeau agored mawr o amgylch y faenor - hwn oedd **tir demên** yr arglwydd, tri chae agored lle roedd cnydau'n cael eu tyfu, tir pori lle byddai'r anifeiliaid fferm yn pori, a'r tir gwastraff.

Ar y faenor, câi pob tir ei rannu yn stribedi a byddai nifer o stribedi yn cael ei roi i bob gwerinwr; roedd y rheini wedi eu gwasgaru ar draws y tri chae. Bob blwyddyn byddai un o'r caeau yn cael ei fraenaru, a olygai na fyddai dim byd yn cael ei dyfu arno, er

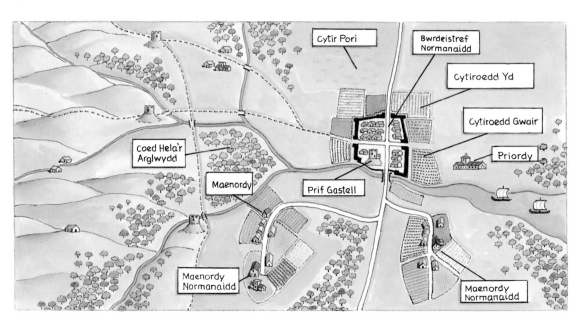

mwyn cadw'r daioni oedd ynddo. Roedd yr anifeiliaid yn rhoi gwrtaith naturiol i'r tir tra oeddent yn pori ar y chwyn a dyfai yn y cae.

Mae'r system yn ymddangos yn deg ond yn ymarferol yr oedd yn annheg iawn. Y taeogion fyddai'n cael ochr waethaf y fargen. Doedden nhw ddim yn rhydd i fynd a dod. Roedden nhw wedi eu clymu wrth y tir a'r arglwyddi (gan mai y nhw oedd perchenogion y tir). Yn ogystal â gorfod gweithio ar dir yr arglwydd, roedden nhw hefyd yn gorfod talu iddo am ddefnyddio'i felin. Nid oedd caniatâd iddyn nhw hela ar ei dir cadw ac, yn ben ar y cyfan, roedd gofyn iddyn nhw dalu'r ddegfed ran o'u hincwm i'r Eglwys.

Roedd dyddiau gŵyl yr eglwys yn ddyddiau pwysig iawn yn y calendr. Câi pobl ddyddiau'n rhydd o'u gwaith bryd hynny. Yn ddiweddarach, daeth y dyddiau gŵyl hyn yn wyliau. Yn ystod y dyddiau hynny, byddai'r pentrefwyr yn chwarae ac yn dawnsio.

Yn y Frodoraeth, roedd y Cymry yn cael cadw eu deddfau eu hunain a'u ffordd draddodiadol o fyw, cyn belled â'u bod yn peidio ag achosi trwbwl. Ond roedd bywyd i'r mwyafrif cyn waethed ag y bu erioed. Roedd y tir yn wael a gorfu i'r Cymry ddibynnu ar gadw da byw am eu bywoliaeth.

Gwelsant hen neuadd uchel ddu ... a llawer o fwg yn dod allan ohoni. A phan aethant i mewn i'r neuadd, fe welson nhw lawr anwastad wedi ei godi a oedd yn llawn tyllau, y gallai dyn gerdded ar hyd-ddo gyda'r anhawster mwyaf oherwydd ei fod yn llawn dom a phiso gwartheg ... Ac roedd cyntedd y tŷ yn llychlyd a llwyd ... Ac ar ochr arall y tân roedd croen llo melyn ac roedd hi'n fraint fawr i gael eistedd ar hwn.

D Daw'r disgrifiad yma o hen chwedl Gymreig, *Breuddwyd Rhonabwy*, y credir iddi gael ei hysgrifennu yn y drydedd ganrif ar ddeg

Dd Cartref Cymreig yn yr Oesoedd Canol

1 **Ysgrifennwch ystyr y gair maenor, yn eich geiriau eich hun.**

2 **Pam, yn eich barn chi, y gadawodd Arglwyddi'r Mers i'r Cymry ar yr ucheldir fyw eu bywydau eu hunain?**

3 (a) **Ym mha fodd yr oedd bywyd yn y Saesonaeth yn wahanol i fywyd yn y Frodoraeth?**
   (b) **Ym mha fodd yr oedden nhw'n** debyg i'w gilydd?

4 **Astudiwch y ffynonellau sy'n ymwneud â'r ffordd Gymreig o fyw ac ysgrifennwch ddisgrifiad yn eich geiriau eich hun o'r ffordd honno o fyw.**

5 **Ym mha ffyrdd rydych chi'n meddwl yr oedd bywyd pobl a oedd yn byw yn y Dywysogaeth yn wahanol i fywyd yn y Mers Cymreig? Ym mha fodd yr oedd yn debyg?**

12

Cosmeston: ail-greu pentref canoloesol

Mae haneswyr yn astudio tystiolaeth. Fel arfer, mae'r dystiolaeth hon wedi ei hysgrifennu. Ond gall tystiolaeth hefyd fod ar ffurf gwrthrychau neu ddeunyddiau sydd wedi goroesi o'r gorffennol. Yr enw ar haneswyr sy'n astudio gwrthrychau neu ddeunyddiau o'r gorffennol yw **archaeolegwyr**.

Yn 1977, wrth iddyn nhw gloddio yn y ddaear, daeth grŵp o archaeolegwyr o hyd i resi o gerrig ger Sully ym Mro Morgannwg. Roedden nhw'n credu mai olion tai cerrig oedd y cerrig hyn a bod y tai yn rhan o bentref a oedd yn dyddio o'r bedwaredd ganrif ar ddeg.

Sut roedden nhw'n gwybod hyn?

Yn gyntaf, fe ddaethon nhw ar draws darnau o grochenwaith yn yr un man â'r cerrig. Roedd y crochenwaith yn perthyn i ddiwedd yr Oesoedd Canol. Yna fe ddaethon nhw ar draws ceiniog arian â llun o Edward I arni. Ceiniog o'r flwyddyn 1297 ydoedd. O fewn ergyd carreg i'r pentref, daethpwyd o hyd i olion maenordy, yn ogystal â cholomendy a gardd gwenyn. (O'r awyr y gellir gweld yr olion hyn orau, fel y dangosir yn ffynhonnell A.) Mae tystiolaeth mewn dogfen sy'n dweud bod y maenordy yn adfail erbyn y flwyddyn 1437.

Astudiodd yr archaeolegwyr ddogfen ysgrifenedig a oedd yn disgrifio bywydau Arglwyddi Sully o'r flwyddyn 1166 ymlaen. Mae'r ddogfen hon yn cyfeirio at bentref o'r enw Constentinstune, a gafodd ei henwi ar ôl dyn o'r enw de Constentin. Milwr Normanaidd oedd ef a ymladdodd yn y fyddin Normanaidd yn Hastings yn 1066. Fe ddilynodd Robert Fitzhamon, yr arglwydd

A Awyrlun o safle Cosmeston yn dangos nodweddion arbennig y pentref

B *(isod)* Casgliadau'r archaeolegwyr am Cosmeston ar sail eu tystiolaeth

1) Mae'n rhaid bod y pentref wedi ei adeiladu ar ôl y goncwest Normanaidd. Nid oes unrhyw olion o bentref yn bodoli yno cyn hynny.

2) Mae'n rhaid bod pobl wedi byw yn y pentref am sawl cenhedlaeth, o'r unfed ganrif ar ddeg hyd ganol y bedwaredd ganrif ar ddeg - cyfanswm o ryw 350 o flynyddoedd.

3) Roedd pentref Cosmeston yn un o grŵp bach o bentrefi a oedd yn perthyn i faenor teulu de Constentin.

4) Mae'n rhaid mai taeogion oedd y pentrefwyr a'u bod yn gweithio ar dir a oedd yn perthyn i de Constentin, a oedd yn byw yn y maenordy gerllaw.

5) Roedd yn debygol fod y taeogion wedi dod o Loegr. Roedd y pentref yn rhan o Saesonaeth Arglwyddiaeth Morgannwg.

6) Rhaid bod poblogaeth y pentref wedi lleihau oherwydd newyn.

7) Mae haneswyr yn gwybod bod yr hinsawdd wedi dechrau newid yn nechrau'r 14eg ganrif. Roedd y gaeafau yn oerach ac yn hirach, a'r hafau yn wlypach ac yn fyrrach. Cafodd hyn effaith andwyol ar y cynhaeaf. Mewn pentref fel Cosmeston, golygai hynny fod llai o fwyd ar gael ar gyfer yr anifeiliaid.

8) Golygai hynny yn ei dro nad oedd cymaint o wrtaith ar gael i wrteithio'r pridd. Daeth hwn yn gylch anodd ei dorri. Roedd llai a llai o fwyd ar gael.

9) Yn ben ar y cyfan, daeth y Pla Du i'r pentref ynghanol y 14eg ganrif. Mae'n rhaid ei fod naill ai wedi bod yn gyfrifol am farwolaeth y pentrefwyr neu wedi eu gorfodi i symud i bentrefi eraill lle roedd y pridd yn fwy cyfoethog.

 C Dehongliad arlunydd o fywyd bob dydd yng Nghosmeston

Ch Ffotogtraff o un o'r tai sydd wedi eu hail-greu yng Nghosmeston

Normanaidd a goncrodd Forgannwg, yn ystod rhan ola'r unfed ganrif ar ddeg. Fel rhan o'r drefn ffiwdal, rhoddodd Fitzhamon ddarn o dir i Constentin. Ar sail y dystiolaeth hon, daeth archaeolegwyr i'r casgliadau a nodir yn ffynhonnell B.

Mae pentref Cosmeston wedi ei ail-greu ac, er mwyn cyfleu bywyd yn yr Oesoedd Canol i ymwelwyr, mae'r tywyswyr yn gwisgo dillad canoloesol. Yn ffynhonnell D, mae'r tywysydd wedi ei wisgo fel maer y pentref. Rhyw fath o bennaeth i'r pentref oedd y maer, a fyddai'n siarad ag arglwydd y faenor ar ran y pentref.

Roedd y tu mewn i dai pentrefwyr yn blaen iawn. Nid oedd simne iawn yn y to - dim ond twll yn y to a thân ar y llawr oddi tano. Roedd gan ferched ddyletswyddau arbennig yn y tŷ a'u prif waith oedd coginio a gofalu am y plant. Roedd bywoliaeth pob un o'r pentrefwyr yn dibynnu ar gadw anifeiliaid a thyfu cnydau yn y caeau o amgylch y pentref.

D Maer y pentref

1 Dyma sut mae Gerallt Gymro yn disgrifio tai'r Cymry: '... nid ydynt yn adeiladu tai uchel o gerrig, ond bodlonant ar gytiau bychain wedi eu gwneud o ganghennau coed wedi eu plethu â'i gilydd ...' Ym mha fodd mae hyn yn gwrth-ddweud y dystiolaeth a gafwyd yng Nghosmeston?

2 Ydy'r gwahaniaethau rhwng disgrifiad Gerallt (gweler cwestiwn 1) a'r dystiolaeth a ddarganfuwyd yng Nghosmeston yn golygu na allwn dderbyn tystiolaeth Gerallt? (Cliwiau: calchfaen lleol, clai.)

3 Cafodd y pentref ei adeiladu mewn ardal lle nad oedd y pridd cystal ag ydyw mewn rhannau eraill o Fro Morgannwg. Pa gasgliad ellwch chi ei lunio o hyn? (Cliw: poblogaeth)

4 (a) Ydy tystiolaeth ffisegol yn fwy dibynadwy na thystiolaeth ysgrifenedig?
  (b) Pam rydych chi'n meddwl na adawodd y bobl a oedd yn byw yng Nghosmeston unrhyw dystiolaeth ysgrifenedig?

5 Penderfynodd yr archaeolegwyr ail-greu pentref Cosmeston. Sut rydych chi'n meddwl yr aethon nhw ati i gyflawni'r dasg hon?

6 (a) Doedd dim siopau yn y pentref. Beth yw'r rheswm am hyn, yn eich barn chi?
  (b) Pam rydych chi'n meddwl roedd y pentref mor fach?

7 Ydy'r ffynonellau hyn yn dangos pa mor galed oedd bywyd i bentrefwyr Cosmeston yn yr Oesoedd Canol?

13

Y bedwaredd ganrif ar ddeg: cyfnod o gynnwrf

A Cofgolofn Robert Bruce yn Bannockburn. Bu farw o'r gwahanglwyf yn 1329

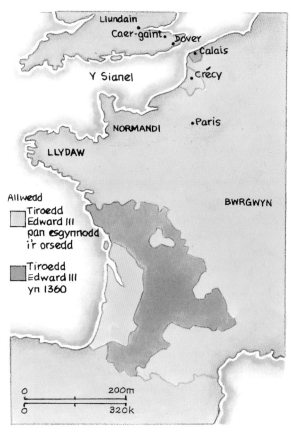

B Map o Ffrainc yn ystod y Rhyfel Can Mlynedd yn dangos y tir yr oedd Edward III wedi'i ennill erbyn 1360

Rhyfel rhwng Lloegr a'r Alban

Y gwahaniaeth mawr rhwng Cymru a'r Alban oedd fod yr Alban yn wlad unedig dan un brenin. Yr oedd yn bellach i ffwrdd nag yr oedd Cymru o Lundain ac yr oedd hi'n wlad gyfoethocach a mwy o ran maint. Roedd ganddi lawer o drefi. Roedd concro yr Alban felly yn dasg anoddach o lawer. Ond doedd hyn ddim yn rhwystr i Edward I.

Wedi iddo goncro Cymru yn 1282, trodd Edward ei sylw at yr Alban. Doedd y Sgotiaid ddim yn hoffi cael Brenin Lloegr yn ymyrryd yn eu gwlad hwy o gwbl ac fe godon nhw mewn gwrthryfel dan eu harweinydd William Wallace. Trechodd Wallace y Saeson ym Mrwydr Stirling yn 1297. Ond, ddwy flynedd yn ddiweddarach fe dalodd Edward I y pwyth yn ôl a threchu'r Sgotiaid ym Mrwydr Falkirk. Ymladdodd saethyddion Cymreig yn y frwydr. Daliwyd Wallace a'i ddienyddio yn 1305. Daeth Edward I i gael ei adnabod fel 'Morthwyliwr y Sgotiaid'.

Daeth yn rheolwr yr Alban ac aeth â Charreg Scone i Lundain. Byddai'r garreg hon yn cael ei defnyddio yn seremoni coroni brenhinoedd yr Alban. Roedd yn symbol o annibyniaeth y wlad. Cyn bo hir, roedd y Sgotiaid yn gwrthryfela unwaith eto. Y tro yma, eu harweinydd oedd Robert Bruce. Dewisodd y Sgotiaid ef fel eu brenin. Doedd Edward II, a ddaeth yn Frenin Lloegr yn 1307, ddim mor gryf â'i dad. Llwyddodd Robert Bruce i gipio bron pob castell yn yr Alban.

Yn 1314, gydag 20,000 o ddynion yn ei gefnogi, cyfarfu Robert Bruce ag Edward II a byddin Lloegr ym Mrwydr Bannockburn. Gorchfygwyd y Saeson yn llwyr yno ac enillodd yr Alban ei hannibyniaeth yn ôl.

Rhyfel rhwng Lloegr a Ffrainc

Yn ystod teyrnasiad Edward III, cyhoeddodd Lloegr ryfel yn erbyn Brenin Ffrainc. Hawliai Edward goron Ffrainc. Yr oedd hefyd yn awyddus i amddiffyn ei diroedd yn ne orllewin Ffrainc oherwydd bod masnachwyr Lloegr yn gwneud llawer o fasnachu yn yr ardaloedd hyn. Cefnogwyd Edward gan farwniaid a masnachwyr Lloegr. Cafodd y rhyfel hwn ei alw yn Rhyfel Can Mlynedd, a hynny am fod yr ymladd wedi para fwy neu lai o 1337 hyd 1453.

Cymru a'r Rhyfel Can Mlynedd

Roedd saethyddion Cymreig yn arbennig o werthfawr yn y rhyfeloedd hyn. Chwaraeon nhw ran bwysig ym mrwydr fawr gyntaf y rhyfel, Brwydr Crécy yn 1346. Roedd y saethyddion hyn mor effeithiol nes y byddai'n rhaid i farchogion wisgo arfwisg fetel drom

C Mae'r darlun hwn yn dangos y gwarchae ar dref Mortagne. Gwelir Owain Lawgoch yn marw o glwyf saeth. Mae'r darlun i'w weld yn *Chronicle d'Angleterre* gan Jean de Wavrin, o'r bymthegfed ganrif

i'w hamddiffyn eu hunain. Gallai saethydd medrus saethu 12 saeth y funud. Yr oedd Brwydr Crécy yn fuddugoliaeth i Edward III. Gorchfygwyd y Ffrancwyr hefyd ym Mrwydr Poitiers yn 1356. Arweiniwyd lluoedd Lloegr yno gan fab y brenin, sef Edward, Tywysog Cymru - y Tywysog Du.

Owain Lawgoch

Cymro enwog arall a ymladdodd yn y rhyfel oedd Owain Lawgoch, sef ŵyr Rhodri, brawd Llywelyn ein Llyw Olaf. Fe honnai mai ef yn unig oedd â'r hawl i fod yn Dywysog Cymru. Roedd y Ffrancwyr yn ei gefnogi. Ffurfiodd Owain gwmni o filwyr ac ymladdodd dan faner Brenin Ffrainc. Yn 1372, penderfynodd Brenin Ffrainc helpu Owain i ymosod ar Gymru. Ond ni ddaeth dim o'r ymosodiad. Llwyddodd Owain i fynd cyn belled ag ynys Guernsey, ond bu'n rhaid iddo droi'n ôl er mwyn ymladd yn erbyn y Saeson yn Ffrainc. Chwe blynedd yn ddiweddarach, yn 1378, cafodd Owain ei lofruddio gan fradwr o'r enw John Lamb tra oedd yn ymladd yn erbyn y Saeson.

Yn y 15fed ganrif, ymladdodd Cymry megis Dafydd Gam a Mathew Goch yn ddewr ar ochr Lloegr. Erbyn 1453, roedd y Saeson wedi colli'r rhyfel a bu'n rhaid iddyn nhw adael Ffrainc.

Yn ystod y gwarchae ar Mortagne, arferai Owain eistedd o flaen y castell. Un bore braf eisteddai ar foncyff coeden a gofynnodd i John Lamb fynd i nôl ei grib ... Wrth iddo ddychwelyd gyda'r grib, mae'n rhaid bod y diafol wedi ei feddiannu, oherwydd gyda'i grib fe ddaeth â dagr a'i thrywanu yng nghorff noeth Owain, a'i ladd.

Ch Yn ôl Froissart, dyma sut y bu Owain Lawgoch farw

---

1. Pa ran a chwaraeodd y canlynol ym mrwydr yr Alban yn erbyn Edward I:
   (a) William Wallace;
   (b) Robert Bruce?

2. Lluniwch linell amser yn nodi'r prif ddigwyddiadau yn y rhyfel rhwng y Sgotiaid a'r Saeson.

3. Pam, yn eich barn chi, yr oedd y Ffrancwyr yn gyfeillgar gyda'r Sgotiaid a pham hefyd roedden nhw'n barod i gefnogi Owain Lawgoch yn ei ymgais i ryddhau Cymru?

4. Edrychwch ar y map yn ffynhonnell B. Ym mha fodd y newidiodd safle Lloegr yn Ffrainc rhwng 1336 a 1453?

5. Astudiwch ffynhonnell C. Disgrifiwch yn fanwl yr hyn sy'n digwydd yn yr olygfa hon.

Ar y dechrau, câi dynion a menywod eu heffeithio gan ryw fath o chwydd yn y morddwyd neu o dan y ceseiliau, a fyddai weithiau'n tyfu i faint afal neu wy. Roedd rhai o'r chwyddiadau hyn yn fwy na hyn a rhai yn llai. Yr enw cyffredin arnynt oedd cornwydydd. O'r ddau darddiad yma, dechreuai'r cornwydydd ymledu'n gyflym i bob rhan o'r corff. Yn nes ymlaen, byddai'r haint yn newid o ran golwg i fod yn smotiau duon neu goch ar y cluniau a'r breichiau. Byddai'r smotiau hyn yn arwain at farwolaeth yn fuan.

A Disgrifiad o'r pla a ysgrifennwyd gan Boccaccio

B Llun cyfoes o'r Marw Du

C Effeithiau'r pla ar berthynas pobl â'i gilydd

Y Marw Du

Y Marw Du yw'r enw sy'n cael ei roi ar afiechyd dychrynllyd a ddaeth i'r amlwg ganol y bedwaredd ganrif ar ddeg. Y Pla Du oedd yr enw arno yn nes ymlaen. Llenor Eidalaidd o'r enw Boccaccio a ysgrifennodd ffynhonnell A ac y mae'n rhoi darlun byw i ni o'r afiechyd.

Ymddangosodd y pla gyntaf yn China yn 1313. Ymledodd wedyn i Ewrop. Yn 1349 ymddangosodd am y tro cyntaf ar hyd arfordir de Lloegr. Yna ymledodd fel tân gwyllt drwy weddill Lloegr. Ymledodd i Gymru o borthladd Bryste. Cyrhaeddodd y pla yr Alban ac Iwerddon hefyd.

Credai pobl yr adeg honno mai ffordd Duw o gosbi pobl am eu drwgweithredoedd oedd y pla. Roedd doctoriaid ar gael y pryd hynny, ond roedden nhw'n brin iawn ac roedd eu gwybodaeth yn gyntefig. Doedd dim meddyginiaeth o gwbl ganddynt ar gyfer y pla; doedden nhw ddim yn gwybod am fodolaeth bacteria, ac yn sicr doedd dim syniad ganddynt mai chwain mewn llygod mawr duon oedd yn gyfrifol am ledaenu'r bacteria. Roedd y llygod i'w cael ar fyrddau llongau a oedd yn teithio o Asia i borthladdoedd Ewrop. Byddai pwy bynnag a ddaliai'r pla farw ymhen ychydig ddyddiau. Gallai'r pesychiad lleiaf wasgaru'r haint i bobl eraill gerllaw.

Effeithiau'r pla

Prif ganlyniad y pla oedd iddo achosi gostyngiad mawr yn y boblogaeth. Yn Lloegr, credir iddo ladd traean o'r boblogaeth - un person ym mhob tri. Digwyddodd yr un peth yn union yng Nghymru ac ym mhob gwlad arall yn Ewrop yn yr un modd.

Taeogion a gweision amaethyddol oedd llawer o'r bobl a fu farw. Golygai hyn fod llai o lawer o weithwyr ar gael i wneud y gwaith yn y caeau, ac felly roedd llai o fwyd yn cael ei gynhyrchu. Creodd hynny broblem i'r brenin, yr esgobion a'r barwniaid a oedd yn berchen y tir. Mae ffynonellau D, Dd ac E yn rhestru effeithiau'r Marw Du ar Gymru yn unig.

Gwnaeth y perchnogion un o ddau beth (gweler ffynhonnell C):
1) Gorfododd rhai perchnogion i'r taeogion a oedd yn dal yn fyw weithio'n galetach ar dir yr arglwydd ei hun.

2) Rhoddodd rhai o'r perchnogion ryddid i'r taeogion a oedd yn dal yn fyw. Yn lle gorfod gweithio ar dir yr arglwydd am ddim, gallent yn awr gael eu talu am wneud y gwaith.

Mewn rhai ardaloedd, roedd y taeogion yn rhydd hyd yn oed cyn dyfodiad y pla. Dechreuodd llawer o'r taeogion hyn a oedd wedi goroesi'r pla hawlio codiad yn eu cyflogau. Ildiodd nifer o arglwyddi i'w ceisiadau. Yn y modd yma, bu'r Pla Du yn gyfrifol am gyflymu dirywiad y maenorau.

Gwnaeth y pla hefyd rai pobl yn fwy crefyddol nag yr oeddynt eisoes. Byddent yn eu chwipio eu hunain gan gredu y byddai cosbi eu hunain yn ddigon i Dduw edrych yn ffafriol arnynt. Byddent yn mynd ar **bererindodau** i fannau sanctaidd. Gwnaeth hyn eraill, ar y llaw arall, yn besimistaidd ynghylch popeth bron, gan gredu nad oedd diben byw o gwbl. Chwilio am bleserau wnaethon nhw (gweler ffynhonnell D).

	1348			1352		
	£	s	d	£	s	d
Bwrdeistref y Fenni	135	3	0	106	3	4
Englishton	65	0	6	61	7	6
Llangatwg	30	12	8	22	6	9
Fforest y mynyddoedd	41	3	0	3	0	0

Dd Cyfanswm gwerth y trethi yn nhiroedd arglwyddiaeth y Fenni cyn ac ar ôl pla 1349

Ac am dair wythnos o gywain yn Brentes a arferai gywain ŷd yr arglwydd am dridiau heb fwyd; dim oll oherwydd bod y dywededig denantiaid wedi marw a'u daliadau yn gorwedd yn wastraff yn nwylo'r arglwydd.

E Yr oedd y tirfeddianwyr yn teimlo effaith y pla

Y nod a ddug eneidiau …
Dwyn Iwan wiwlan ei wedd
ymlaen y lleill naw mlynedd; …
dwyn Morfudd, dwyn Dafydd deg
dwyn Ieuan, llon degan llu,
dwyn â didawddgwyn Dyddgu,
a'm gadaw, frad oerfraw fryd,
yn freiddfyw, mewn afrwyddfyd.

Ch Rhan o gerdd a gyfansoddwyd yn y bedwaredd ganrif ar ddeg gan fardd o'r enw Llywelyn Fychan. Teitl y gerdd yw 'Haint y Nodau' ac mae'n disgrifio teimladau'r bardd am farwolaeth rhai o'i blant yn ystod y pla

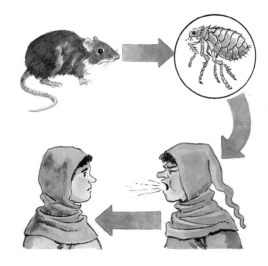

F Lledaeniad y Marw Du

Credai eraill mai digonedd o ddiod a phleser, canu a bywyd o benrhyddid oedd y ffordd orau o osgoi'r pla. Byddent yn treulio'u holl ddyddiau yn crwydro o'r naill dafarn i'r llall yn yfed ac yn gloddesta.

D Disgrifiad Boccaccio o fywyd yn ninas Fflorens yn yr Eidal yn 1350

1 Darllenwch ffynhonnell A. Pam yr oedd y pla yn cael ei alw'n Bla Du?

2 Edrychwch ar ffynhonnell B. Ym mha fodd y mae'n creu'r teimlad o ofn yn y gwyliwr?

3 Ym mha fodd rydych chi'n meddwl y bu i'r Pla Du greu drwgdeimlad rhwng yr arglwyddi a'r bobl gyffredin?

4 (a) 'Roedd y Pla Du yn drychineb'. Ysgrifennwch ddadl o blaid y gosodiad hwn.

(b) Ysgrifennwch ddadl yn erbyn y gosodiad hwn. Gwnewch yn siŵr eich bod yn defnyddio'r holl wybodaeth a geir yn y bennod yn y ddau ateb.

A Rhan o Statud y Llafurwyr

I saw a poor man near me hanging onto his plough:
His coat was of a cloth that was 'cary',
His hood was full of holes and his hair stuck out,
Through his worn shoes with their thick soles,
His toes peeped out as he trod the land:
His stockings hung down his shins on every side,
All dirtied with mud as he followed the plough.
Two mittens he wore, made all of patches,
The fingers were worn through and covered with mud.

B Cerdd gan Piers Plowman yn disgrifio taeog

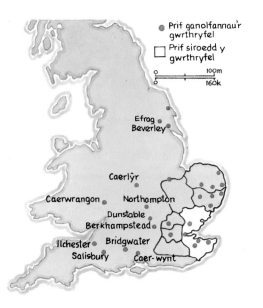

C Map o Loegr yn ystod Gwrthryfel y Werin

Gwrthryfel y Werin

Pam y gwrthryfelodd y werin?

Roedd y rhyfeloedd rhwng Lloegr a Ffrainc yn gostus iawn. Bu'n rhaid i Edward III wario symiau mawr o arian i dalu cyflogau'i fyddin. Fe gododd yr arian drwy orfodi pobl i dalu trethi. Roedd y rhain yn amhoblogaidd iawn. Roedd bywyd ar ôl y Pla Du yn galed iawn, ond gwnaeth trethi bethau'n waeth o lawer. Gallai'r brenin ddibynnu ar gefnogaeth y Senedd. Ond doedd y Senedd ddim yn siarad ar ran trwch y bobl gyffredin. Dim ond esgobion, arglwyddi, marchogion a threfwyr a allai berthyn iddi. Roedd dymuniadau'r bobl gyffredin yn cael eu hanwybyddu'n llwyr.

Yn 1351, pasiodd y Senedd, gyda chefnogaeth y brenin, Statud y Llafurwyr. Diben y ddeddf hon oedd helpu'r arglwyddi i reoli eu taeogion. Yn ôl y Statud, ni allai llafurwyr ddisgwyl unrhyw godiad yn eu cyflogau (gweler ffynhonnell A).

Yna, yn 1377, gosododd Rhisiart II, ŵyr Edward II, gyda chefnogaeth y Senedd, dreth ychwanegol. Yr enw ar y dreth hon oedd Treth y Pen. Roedd yn rhaid i bob copa walltog, tlawd a chyfoethog, dalu 12d (5c) yr un. Câi unrhyw un a wrthodai dalu ei daflu i'r carchar. Roedd y werin bobl wedi cyrraedd pen eu tennyn.

Byddai casglwyr trethi yn mynd o'r naill bentref i'r llall yn casglu Treth y Pen oddi wrth bob person. Llwyddai rhai pobl i guddio, ond daliwyd eraill. Ymhlith y rhain yr oedd offeiriad o'r enw John Ball. Dadleuai ef fod y dreth yn annheg oherwydd bod gofyn i bawb dalu'r un swm, tlawd a chyfoethog fel ei gilydd. Dywedai fod hyn yn groes i ddysgeidiaeth Crist yn y Beibl. Ond roedd yr Eglwys yn cefnogi'r dreth. Restiwyd Ball a'i roi yng ngharchar Caer-gaint.

Beth ddigwyddodd yn 1381?

Yn 1381, cododd miloedd o werinwyr o Essex a Chaint mewn gwrthryfel. Llwyddodd gwrthryfelwyr Caint i ryddhau John Ball a dewis hen filwr o'r enw Wat Tyler i fod yn arweinydd arnynt. Gorymdeithiodd y gwrthryfelwyr i Lundain. Cyrhaeddon nhw gyrion y ddinas ar lannau deheuol Afon Tafwys. Roedd gwrthryfelwyr Essex yn gwersylla ar ochr ogleddol y ddinas.

Pedair ar ddeg mlwydd oed oedd Rhisiart II a doedd ganddo ddim digon o filwyr i amddiffyn Dinas Llundain. Roedd hefyd yn gwybod bod llawer o bobl dlawd yn Llundain a fyddai'n ddigon parod i gefnogi'r gwrthryfelwyr. Cuddiodd Rhisiart yn Nhŵr Llundain, a thra oedd ef yno penderfynodd gwrdd â'r gwrthryfelwyr. Hwyliodd mewn cwch i fyny Afon Tafwys, ond pan welodd y gwrthryfelwyr, cafodd ei gynhyrfu a hwyliodd yn ôl i'r Tŵr heb gwrdd â Wat Tyler.

Fe aeth y gwrthryfelwyr i mewn i'r Ddinas a thorri i mewn i balas Archesgob Caer-gaint. Yna fe ymosodon nhw ar gyfreithwyr a masnachwyr estron a dechrau dwyn pethau. Mater o amser oedd hi cyn y byddent yn cyrraedd Tŵr Llundain. Yn wyneb yr holl helbul, penderfynodd Rhisiart gwrdd â gwrthryfelwyr Caint yn Mile End, y tu allan i'r Ddinas. Ildiodd Rhisiart i holl alwadau'r gwrthryfelwyr.

Addawodd ddileu Treth y Pen a chytunodd i roi mwy o ryddid i'r gwerinwyr. Tra oedd y cyfarfod hwn yn cael ei gynnal, roedd grŵp arall o wrthryfelwyr wedi torri i mewn i'r Tŵr a llofruddio Archesgob Caer-gaint. Yna penderfynodd y brenin gwrdd â'r gwrthryfelwyr unwaith eto, a thrafod wyneb yn wyneb â Wat Tyler yn Smithfield.

Ar ddechrau'r cyfarfod, bu Tyler mewn sgarmes ac yn ystod y gwrthdaro, fe gafodd ei ladd. Mae'r rhan fwyaf o'r adroddiadau o'r cyfnod yn ochri gyda'r brenin. Mae ffynonellau Ch a D yn rhoi disgrifiadau sy'n gwrth-ddweud ei gilydd o'r un digwyddiadau.

Aeth y brenin ati wedyn i annerch y dorf a'u perswadio i dawelu gan addo unwaith eto y byddai'n gwneud bywyd yn well iddynt. Yn wyneb apêl y brenin, penderfynodd y gwrthryfelwyr ddychwelyd i'w cartrefi. Fodd bynnag, wedi i bethau dawelu, torrodd y brenin ei addewidion. Dienyddiwyd arweinwyr y gwrthryfel, gan gynnwys John Ball. Ond cafodd Treth y Pen ei diddymu.

Ni wireddwyd amcanion y gwrthryfelwyr yn union ar ôl y gwrthryfel, ond o fewn can mlynedd, roedd y mwyafrif o'r llafurwyr wedi ennill eu rhyddid.

Yn Smithfield, aeth marchog o'r enw John Newton at Wat ar gefn ceffyl … yn hytrach nag ar droed. Dywedodd Newton, 'Gan dy fod di'n eistedd ar gefn ceffyl, dyw hi ddim yn sarhaus i minnau ddod atat hefyd ar gefn ceffyl.' Pan glywodd Wat hynny tynnodd gyllell a bygwth lladd y marchog a'i alw'n fradwr. Galwodd y marchog Wat yn gelwyddgi a thynnodd yntau gyllell. Gorchmynnodd y brenin i Newton ddod oddi ar ei geffyl a rhoi'r gyllell iddo. Ceisiodd Tyler ymosod ar y marchog, felly daeth Maer Llundain a nifer o farchogion brenhinol a'u hysweiniaid at ochr y Brenin. Yna ymwrolodd y Brenin a gorchymyn i'r Maer restio Tyler. Restiodd y Maer Tyler a'i daro ag ergyd i'w ben. Daeth rhai o weision y Brenin at Tyler ac fe'i trywanwyd mewn sawl rhan o'i gorff gan fin y cledd.

Ch Ysgrifennwyd y fersiwn hwn gan Thomas Walshingham, mynach yn St Albans. Nid oedd yn bresennol yn y cyfarfod ond dywedodd rhywun arall wrtho am y digwyddiadau

D *(chwith)* Y Brenin Rhisiart II yn cwrdd â Tyler a'r gwrthryfelwyr yn Smithfield. Daw'r llun o 'Groniclau' Froissart; cafodd ei dynnu tua chan mlynedd wedi hyn. Gwelir y brenin yma ddwywaith: y tro cyntaf yn delio â Tyler, a'r ail dro yn annerch y dorf

1 **Disgrifiwch y rhan a chwaraewyd gan Wat Tyler a John Ball yng Ngwrthryfel y Werin.**

2 **Beth oedd amcanion y gwrthryfelwyr?**

3 **Pa dystiolaeth sy'n awgrymu nad oedd y gwrthryfel wedi ei gynllunio?**

4 (a) **Pa argraff mae'r arlunydd yn ffynhonnell D yn ceisio'i chreu?**

   (b) **Beth rydych chi'n sylwi arno am y gwerinwyr yn y llun? Pam, yn eich barn chi, y cawson nhw eu portreadu fel hyn?**

5 (a) **Darllenwch ffynhonnell Ch ac astudiwch ffynhonnell D. Ym mha fodd y maen nhw'n cytuno â'i gilydd?**

   (b) **Ym mha fodd maen nhw'n anghytuno â'i gilydd?**

6 (a) **Gan fod y gwrthryfelwyr wedi cyrraedd Llundain, a oedd gan Rhisiart II unrhyw ddewis ond ildio iddynt?**

   (b) **Pam yr oedd y gwrthryfelwyr yn barod i ladd Archesgob Caer-gaint ond nad oedden nhw'n barod i ladd y brenin?**

14 *B*eirdd a barddoniaeth yn yr Oesoedd Canol

Ac fe gynhaliodd yr Arglwydd Rhys ŵyl fawr yng nghastell Aberteifi, a chynnal dwy gystadleuaeth, y naill ar gyfer beirdd, a'r llall ar gyfer telynorion, ffidlwyr, pibyddion ac amrywiol berfformwyr cerddoriaeth offerynnol, ac fe roddodd ddwy gadair i'r buddugwyr ynghyd â gwobrwyon mawr eraill.

A Dyma ddetholiad o *Brut y Tywysogion* sy'n disgrifio eisteddfod a gynhaliwyd yn Aberteifi yn 1176

Pan fyddant yn ddefnyddio'u hiaith eu hunain, mae eu cerddi mor ddyfeisgar a chreadigol fel eu bod yn cynhyrchu gweithiau celfyddydol sy'n ddeniadol ac yn hynod wreiddiol, o ran y geiriau a'r syniadau a geir ynddynt.

B Pwysleisiodd Gerallt Gymro ddiddordeb y Cymry yn yr eisteddfod

 (chwith) Darlun o lawysgrif yn darlunio'r frwydr rhwng Cymru a Lloegr

Pa mor bwysig oedd beirdd yn yr Oesoedd Canol?

Un o'r dulliau pwysicaf o gael diddanwch yng Nghymru oedd gwrando ar farddoniaeth yn cael ei hadrodd yn uchel gan feirdd y llys. Roedd beirdd bob amser wedi chwarae rhan bwysig ym mywyd Cymru. Cyn 1282, byddai'r beirdd gorau yn byw yn llysoedd y brenhinoedd Cymreig. Eu prif rôl oedd ysgrifennu cerddi yn canu clod i'r brenin am ei ddewrder a'i haelioni. Byddent yn mwynhau cystadlu yn erbyn ei gilydd mewn eisteddfodau.

Câi'r iaith Gymraeg ei siarad ym mhob rhan o Gymru. Cymraeg oedd yr unig iaith a siaradai'r rhan fwyaf o'r bobl. Ni cheisiodd Edward I rwystro pobl rhag siarad Cymraeg. Aeth llawer o bobl a oedd wedi symud i mewn i Gymru ati i ddysgu Cymraeg a byddent yn gwerthfawrogi barddoniaeth Gymraeg.

Pan gollodd Cymru ei hannibyniaeth yn 1282, roedd perygl y byddai'r beirdd yn colli eu gwaith am byth. Ond, roedden nhw yr un mor brysur ar ôl 1282 ag yr oedden nhw cyn hynny. Yn lle canu clod i frenhinoedd Cymru, fe fydden nhw nawr yn canu clodydd yr uchelwyr Cymreig. Byddai llawer ohonynt yn crwydro o neuadd y naill uchelwr i'r llall. Am eu gwasanaeth fe fydden nhw'n cael croeso cynnes a digonedd o fwyd, a'u llety yn rhad ac am ddim.

Byddai'r beirdd hefyd yn canu am arwyr chwedlonol Cymru ac am yr hen frwydrau rhwng y Cymry a'r Saeson. Mae ffynhonnell C yn ddarlun o lawysgrif ganoloesol yn portreadu'r ymryson rhwng draig goch Cymru a draig wen Lloegr.

Ymhlith y beirdd hyn yr oedd y bardd mwyaf a fu yng Nghymru erioed. Ei enw oedd Dafydd ap Gwilym. Ysgrifennodd gerddi gwych yn disgrifio harddwch y wlad a phrydferthwch merched Cymru. Roedd yn byw adeg y Pla Du ond does dim sôn am hynny yn ei gerddi.

Beirdd Lloegr

Roedd y bedwaredd ganrif ar ddeg yn gyfnod pwysig hefyd yn hanes yr iaith Saesneg. Yn ystod y 1380au ysgrifennodd bardd o'r enw Geoffrey Chaucer gerdd hir yn disgrifio pobl yn mynd ar bererindod. Teitl y gerdd yw *The Canterbury Tales*, a Saesneg Canol oedd yr iaith a ddefnyddiodd Chaucer.

Gŵr pwysig arall yn Lloegr bryd hyn oedd William Caxton, a ddaeth â'r wasg argraffu gyntaf i Loegr yn 1476. Yn ffynhonnell Dd, ceir enghraifft o stori am fintai o fasnachwyr a oedd ar y môr ac a laniodd i chwilio am fwyd.

Nâd trwy Wynedd blant Rhonwen
Na phlant *Hors yn y Fflint hen.
Na ad, f'arglwydd, swydd i Sais,
Na'i bardwn i un bwrdais …
Dwg Forgannwg a Gwynedd,
Gwna'n un o Gonwy i Nedd.
O digia Lloegr a'i dugiaid,
Cymry a dry yn dy raid.
(*Hors oedd un o'r brenhinoedd Eingl-Seisnig a ymosododd ar Brydain yn y
bumed ganrif.)

Ch Mae'r detholiad uchod yn rhan o gerdd a ysgrifennwyd gan
Guto'r Glyn, ac mae'n galw ar yr Iarll William Herbert,
un o Gymry amlycaf y bymthegfed ganrif, i yrru'r Saeson
allan o Gymru

Whan that Aprill with his shoures sote
The droghte of March hath perced to the roote …
And smale foweles maken melodye,
That slepen al the nyght with open ye …
Thanne longen folk to goon on pilgrimages …
(When April with its sweet showers
has pierced the drought of March to the root
and small birds make melody,
that sleep all night wih open eye …
then folk long to go on pilgrimages)

E Darlun o Chaucer yn darllen ei
farddoniaeth yn Windsor

D Rhannau agoriadol *The Canterbury Tales* gan Geoffrey
Chaucer

One of them named Sheffelde came inn-to-an hows and axed for
mete; and specyally he axyd for eggys. And the good wyfe
answerde, that she could speke no frenshe. And the merchaunt
was angry, for he coude speke no frenshe, but wolde have hadde
egges, and she understode hym not.

Caniadau cywion adar;
A chog ar fan pob rhandir,
A chethlydd, a hoywddydd hir;
A niwl gwyn yn ôl y gwynt
Yn diffryd canol dyffrynt;
Ac wybren loyw hoyw brynhawn
Fydd a glwyswydd a glaswawn;
Ac adar aml ar goedydd,
Ac irddail ar wiail wŷdd.

F Cerdd gan Dafydd ap Gwilym

Dd Stori gyfoes a argraffwyd gan William Caxton

1 **Ysgrifennwch am gyfraniad y canlynol i fywyd
diwylliannol Cymru a Lloegr:**
   (i) yr eisteddfod,
   (ii) Dafydd ap Gwilym,
   (iii) Geoffrey Chaucer,
   (iv) William Caxton.

2 (a) **Ym mha fodd yr oedd beirdd Cymru yn
       grŵp peryglus o bobl i Frenin Lloegr?**
   (b) **Ym mha fodd mae ffynhonnell C yn debyg i
       ffynhonnell Ch?**

3 **Pam rydych chi'n meddwl nad yw Dafydd ap
Gwilym yn cyfeirio o gwbl at y Pla Du yn ei
gerddi?**

4 **Ysgrifennwch y brawddegau yn ffynhonnell Dd
mewn Saesneg modern.**

5 **Pa mor ddefnyddiol, yn eich barn chi, yw
barddoniaeth ar gyfer haneswyr sy'n astudio'r
Oesoedd Canol?**

15

Gwrthryfel Glyndŵr

A Portread o Owain Glyndŵr yng nghanol y frwydr; fe'i peintiwyd tua diwedd y bedwaredd ganrif ar bymtheg

B Achosion Gwrthryfel Glyndŵr

Pwy oedd Owain Glyndŵr?

Nid dyn cyffredin oedd Owain Glyndŵr. Cafodd ei eni yn 1359, yn fab i uchelwr a oedd yn berchen ar diroedd yng Nglyndyfrdwy a Sycharth, ger Llangollen, ar lannau Afon Dyfrdwy. Ar ochr ei dad a'i fam, roedd yn perthyn i hen frenhinoedd Powys a Deheubarth. Yn ogystal â chael addysg dda, fe fu'n ymladd am gyfnod fel milwr ym myddinoedd Rhisiart II yn yr Alban.

Yn 1400, cododd helynt rhwng Glyndŵr a'i gymydog, yr Arglwydd Grey o Ruthun - Sais pwysig yn yr ardal. Honnai Owain fod Grey yn dwyn tir oddi wrtho. Pan aeth y mater gerbron Harri IV, brenin newydd Lloegr, cymerodd Harri ochr Grey. Felly, ar 16 Medi 1400, cyhoeddodd Owain Glyndŵr ei fod yn Dywysog Cymru. Gyda chefnogaeth ei ddilynwyr, ymosododd ar dref Rhuthun a'i rhoi ar dân, ac achosi difrod hefyd i drefi eraill ar hyd y ffin.

Beth achosodd y gwrthryfel?

Erbyn diwedd 1401, roedd Cymru gyfan yn cefnogi Gwrthryfel Glyndŵr. Mae ffynhonnell B yn rhoi rhesymau pam y digwyddodd hyn. Yn ystod y tair blynedd nesaf, ysgubodd Owain a'i fyddin trwy bob rhan o Gymru. Fe lwyddon nhw i gipio nifer o gestyll, gan gynnwys Harlech ac Aberystwyth (a gafodd ei gipio yn 1404). Yn 1402, trechodd Glyndŵr y Saeson ym Mynydd Hyddgen a Bryn Glas yng nghanolbarth Cymru. Llwyddodd i ddal yr Arglwydd Grey a'r Arglwydd Mortimer, arglwydd mwyaf pwerus y Mers. Er i Harri IV ymosod ar Gymru sawl gwaith, methodd ddal Glyndŵr, ac ar un achlysur gyrrwyd byddin Harri'n ôl gan dywydd stormus.

Ond roedd Glyndŵr yn gwybod bod yn rhaid iddo gipio pob

Achosodd y Pla Du lawer o ddioddef ac ymdeimlad o ddiffyg gobaith

Saeson oedd yn rheoli trefi Cymru

Doedd eglwyswyr Cymru ddim yn cael y swyddi gorau yn yr Eglwys yng Nghymru

Nid oedd uchelwyr Cymru yn cael rhedeg eu stadau yn unol â chyfraith Cymru

Pan ddechreuodd y Rhyfel Can Mlynedd, roedd rhaid i bobl gyffredin Cymru dalu trethi llawer trymach i Frenin Lloegr

castell Seisnig yng Nghymru yn ogystal â threchu byddin Lloegr ar faes y gad, cyn y byddai'n ennill y rhyfel. Felly, yn 1404, er mwyn codi rhagor o arian i'w achos, galwodd ynghyd Senedd arbennig - y gyntaf o'i bath yng Nghymru - ym Machynlleth. Llwyddodd Glyndŵr i berswadio Brenin Ffrainc i'w helpu a gwnaeth gytundeb â dau o elynion pennaf Harri IV, sef yr Arglwydd Mortimer a Henry Percy, Iarll Northumberland. Cytunon nhw i rannu Cymru a Lloegr yn dair rhan.

Gyda'r gefnogaeth hon y tu ôl iddo, dechreuodd Glyndŵr gynllunio ar gyfer y dyfodol. Roedd ganddo ei **Sêl Frenhinol** ei hun; fe wnaeth yr Eglwys yng Nghymru yn annibynnol ar Eglwys Loegr, ac fe gafodd y swyddi pwysicaf eu cadw ar gyfer eglwyswyr Cymreig. Bwriadai hyd yn oed greu **prifysgolion** yng Nghymru, un yn y gogledd ac un arall yn y de.

Fodd bynnag, yn 1406, dechreuodd y llif droi yn ei erbyn. Cafodd ei orfodi i wrthgilio gan fyddin Harri IV y tu allan i Gaerwrangon (dechreuodd y fyddin Ffrengig a fu'n gymaint o help iddo droi am adref). Yn yr un flwyddyn, enillodd y Saeson eu gafael ar Ynys Môn. Erbyn diwedd 1408, roedd castell Harlech a chastell Aberystwyth wedi eu cipio'n ôl gan y Saeson. Bu farw'r Arglwydd Mortimer, cyfaill Glyndŵr, hefyd yn 1408, a chafodd nifer o'i blant eu lladd neu eu dal gan y Saeson. Ni chafodd Glyndŵr ei hun erioed ei ddal, ond erbyn 1412, roedd y gwrthryfel drosodd i bob pwrpas.

Roedd Harri IV yn rhy gryf i Owain. Roedd ei fyddin yn fwy o lawer, ac roedd ganddo arfau gwell. Profodd ei fab Harri, tywysog Cymru, hefyd ei fod yn gadfridog dawnus.

Beth oedd canlyniadau'r gwrthryfel?

Cafodd rhannau helaeth o Gymru eu dinistrio yn ystod Gwrthryfel Glyndŵr. Cafodd llawer eu lladd, ar ochr y Cymry ac ar ochr y Saeson. Pasiwyd deddfau llym yn erbyn y Cymry - y Deddfau Cosb. Yn ôl y deddfau hyn, er enghraifft, ni allai'r un Cymro fyw ger unrhyw dref Seisnig yng Nghymru, ac ni allai'r Cymry gwrdd â'i gilydd fel torf.

Ond yr oedd ochr bositif i'r gwrthryfel hefyd. Dyma'r tro cyntaf yn hanes Cymru pan unodd y Cymry â'i gilydd yn un genedl. Yn dilyn y gwrthryfel, dechreuodd y beirdd edrych ymlaen i'r dyfodol ac am arwr arall i arwain Cymru.

C Map o Gymru a Lloegr yn dangos sut roedd Owain Glyndŵr yn bwriadu creu gwladwriaeth annibynnol Gymreig, mewn cytundeb gyda Mortimer a Percy

Ch Sêl Frenhinol Owain Glyndŵr

---

1 (a) Beth oedd achosion tymor-hir y gwrthryfel?
  (b) Beth oedd yr achosion tymor-byr?

2 Pa mor bwysig oedd rôl Owain Glyndŵr yn y gwrthryfel?

3 Pa dystiolaeth sydd yn y bennod hon i awgrymu bod Owain Glyndŵr yn bwriadu sefydlu gwlad ar wahân i Loegr?

4 Yn eich barn chi, a oedd hi'n anochel y byddai gwrthryfel Glyndŵr yn methu? Pam?

5 Pam, yn eich barn chi, y cafodd y Deddfau Cosb eu pasio?
  (a) Er mwyn cosbi'r Cymry;
  (b) Er mwyn gwneud yn siŵr nad oedden nhw'n gwrthryfela eto. Rhowch resymau.

16 Diwedd yr Oesoedd Canol: newid er gwell?

To teils ar bob tŷ talwg,
A simnai ni fagai fwg.
Naw neuadd gyfladd gyflun,
A naw wardrob ar bob un.
Siopau glân, glwys gynnwys gain,
Siop lawndeg fal Siêp Lundain.
Croes eglwys gylchlwys galchliw,
Capelau a gwydrau gwiw.
Pob tu'n llawn, pob tŷ'n y llys
Perllan, gwinllan, gaer wenllys.
Parc cwning meistr pôr cenedl,
Erydr a meirch hydr mawr chwedl.

B   Cyfansoddodd Iolo Goch y gerdd
hon am lys Owain Glyndŵr

Nid yw'r Cymry ... yn rhoi unrhyw sylw
i fasnach, mordeithio na diwydiant.

C   Gerallt Gymro: *Disgrifiad o Gymru*

Bu llawer o newidiadau yn ystod y cyfnod rhwng 1000 a 1500.

Tai

Am ddau can mlynedd cyntaf yr Oesoedd Canol, roedd y Normaniaid yn gorfod byw mewn cestyll. Roedd y rhain yn llefydd anghysurus ac oer iawn. Fodd bynnag, ar ôl concwest Cymru yn 1282, doedd dim angen i'r Eingl-Normaniaid fyw ynddyn nhw mwyach. O dipyn i beth, dechreuon nhw adeiladu tai gyferbyn â'r cestyll. Y maenordai yr ydym eisoes wedi cyfeirio atyn nhw oedd y rhain (gweler Pennod 11). Un o'r enghreifftiau mwyaf adnabyddus yng Nghymru oedd castell a maenordy Tretŵr ym Mhowys (ffynonellau A a Ch). Ond effeithiodd y newid hwn ar yr uchelwyr Cymreig hefyd. Roedd Owain Glyndŵr, er enghraifft, yn byw mewn plasdy hardd yn Sycharth yng ngogledd Cymru (ffynhonnell B).

Masnach

Ar ddechrau'r Oesoedd Canol, doedd bron dim masnach yng Nghymru (gweler ffynhonnell C). Ond erbyn y bymthegfed ganrif, roedd masnachu yn digwydd yn y rhan fwyaf o ardaloedd Cymru. Doedd trefi yr adeg honno yn fawr mwy na phentrefi ein hoes ni, ond roedden nhw'n lleoedd prysur ac roedd porthladdoedd Cymru yn ffynnu.

Byddai pob math o nwyddau moethus o Fryste, Iwerddon a'r Cyfandir yn cael eu mewnforio i Gaerdydd a Chaerfyrddin. Yng ngogledd Cymru, byddai porthladdoedd megis Caernarfon a Chonwy yn masnachu'n rheolaidd â Lerpwl.

Ch   Ffotograff o Faenordy Tretŵr

Mae'r Brenin yn rhoi i drigolion Cydweli yr hawl i gasglu tollau ar y nwyddau canlynol:

Am bob llwyth o frethyn	2 geiniog
Am bob pibell o win	1 geiniog
Am bob llwyth o wlân	4 ceiniog
Am bob llwyth o haearn	2 geiniog
Am bob llwyth o bysgod	2 geiniog
Am bob llwyth o fara	1 geiniog
Am bob llwyth o halen	1 geiniog

D   Mae'r uchod i'w weld mewn dogfen a ysgrifennwyd yn 1280, yn ystod teyrnasiad Edward I; mae'n rhoi cymorth i bobl Cydweli gydag adeiladu neuadd y dref

Dd   Porthladdoedd Cymru yn y Canol Oesoedd

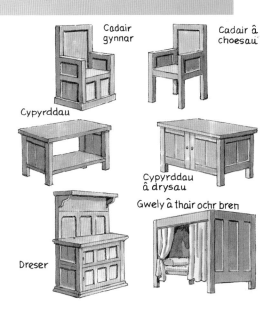

E   Bu gwelliant mawr hefyd mewn dodrefn. Mae'r lluniau hyn yn dangos y math o ddodrefn yr oedd yr arglwyddi yn eu defnyddio erbyn diwedd yr Oesoedd Canol

F   Bu newid hefyd yn y dillad a wisgai'r bobl gyfoethog. Mae'r lluniau yma yn dangos yr hyn a ddigwyddodd

1 (a) Beth yw'r prif wahaniaethau rhwng Castell Tretŵr a Maenordy Tretŵr (gweler ffynonellau A a Ch).
   (b) Ym mha ffyrdd yr oedd Sycharth (ffynhonnell B) yn debyg i Faenordy Tretŵr?

2 (a) Pam, yn eich barn chi, y datblygodd masnach yng Nghymru yn ystod yr Oesoedd Canol?
   (b) Pa fath o bobl a elwodd fwyaf o'r twf mewn masnach?

3 Ym mha ffyrdd y newidiodd dillad yn ystod y cyfnod hwn?

Gwaith

Yn y bymthegfed ganrif, roedd y rhan fwyaf o bobl yn dal i ddibynnu ar y tir am eu bywoliaeth. Doedd natur y gwaith ddim wedi newid fawr ddim. Roedd yn dal i fod yn waith caled. Mae ffynhonnell B yn dangos pa mor galed ydoedd. Llun ydyw o lyfr y Salmau, y *Luttrell Psalter*, ac fe gafodd ei beintio tua 1340. Mae'n dangos llafurwr yn aredig darn o dir gyda thîm o ychen. Sylwch pa mor arw yw ei ddillad. Lluniodd y bardd Iolo Goch gerdd am y llafurwr (gweler ffynhonnell A).

Ond fe fu newid pwysig, serch hynny. Erbyn y bymthegfed ganrif, roedd llawer o bobl yn talu am eu tir nid drwy weithio i'r arglwydd ond drwy dalu rhent ariannol. Roedd yr arglwyddi yn hurio llafurwyr i weithio ar eu tir eu hunain. At hynny, roedd llawer o bobl a oedd heb dir yn rhydd erbyn hyn i symud o'u mannau geni i bentrefi cyfagos lle y gallen nhw weithio am fwy o arian. Gallai pobl weithio i wella eu hunain yn ystod y cyfnod hwn. Felly, roedd hi'n bosibl i bobl fwynhau gwell safon byw.

Ond er gwaetha'r gwelliant yma, roedd bwlch enfawr o hyd rhwng y tlawd a'r cyfoethog. Roedd yr arglwyddi erbyn hyn yn dod yn fwy cyfoethog. Roedd rhai ohonyn nhw'n defnyddio'u tiroedd i gadw defaid. Roedden nhw hefyd yn gallu gwneud elw bras drwy werthu gwlân. Roedd rhai ohonyn nhw hefyd yn adeiladu stadau enfawr o dir ac yn gwerthu eu cynnyrch am symiau mawr o arian.

Ni rydd farn eithr ar arnawdd,
Ni châr yn ei gyfar gawdd.
Ni ddeily rhyfel, ni ddilyn,
Ni threisa am ei dda ddyn.
Ni bydd ry gadarn arnam,
Ni yrr hawl, gymedrawl gam;
Nid addas, ond ei oddef;
Nid bywyd, nid byd heb ef.

A   Cerdd gan Iolo Goch

B   *(isod)* Darlun o lafurwr o'r *Luttrell Psalter* (1340)

Cyfraith a threfn

Yn dilyn concwest Cymru yn 1282, fe ddaeth cyfraith Brenin Lloegr i rym ac roedd troseddwyr yn cael eu dwyn gerbron swyddogion y brenin. Wedi i Wrthryfel Glyndŵr ddod i ben, daeth deddfau newydd i rym, sef y Deddfau Cosb, a basiwyd yn arbennig yn erbyn pobl Cymru (gweler Penodau 6 ac 15).

Ond doedd gweithredu deddfau'r brenin ddim yn hawdd o gwbl. Doedd dim heddlu ar gael y pryd hynny. Roedd yn rhaid i unrhyw un a welai drosedd yn cael ei chyflawni fynd ar ôl y troseddwr. Os na châi'r troseddwr ei ddal, byddai gofyn i'r siryf drefnu *posse comitatus*, sef llu arfog yn cynnwys pobl o'r sir. Yn nhiroedd y Mers, gallai'r arglwyddi wneud beth bynnag y mynnent, bron. Roedd ganddyn nhw eu llysoedd eu hunain. Gallai troseddwyr a oedd wedi torri'r gyfraith yn y Dywysogaeth ddianc i'r Mers ac ni allai'r siryf wneud fawr ddim i'w dal. Yn y Mers ei hun, gallai troseddwyr dalu ffi i'r arglwydd am eu hamddiffyn. Daeth lladrata penffordd, dwyn gwartheg, herwgipio a lladrad ar Afon Hafren yn gyffredin iawn. Roedd herwyr hefyd yn gyffredin, y mwyaf adnabyddus ohonynt oedd Dafydd ap Siencyn a weithredai yn Sir Feirionnydd.

C Portread o William Herbert: cafodd ei deulu ddylanwad mawr ar y modd yr oedd Cymru'n cael ei llywodraethu

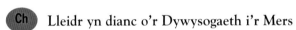

Ch Lleidr yn dianc o'r Dywysogaeth i'r Mers

Barn rhai haneswyr am Gymru'r Oesoedd Canol

Daeth gogledd a de Cymru yn gyflym yn wlad yr ysweiniaid … Daeth trefi, maenorau a phroffesiynau yn llai Seisnig. Gwelwyd y Gymraeg yn ennill tir yn gyflym ym Mro Morgannwg. Daeth porthladdoedd y de, ac yna rhai'r gogledd, yn fwy prysur. Dechreuodd y teuluoedd a fyddai'n rheoli Cymru am y tri chan mlynedd nesaf ddod i'r amlwg, teuluoedd megis Teulu Salisbury, teulu Bulkeley, y Fychaniaid, a theuluoedd Gruffudd, Dinefwr a Herbert.

 A Dyma sut y mae'r hanesydd Gwyn A Williams yn disgrifio Cymru ar ddiwedd y bymthegfed ganrif

Roedd rhai nodweddion yn sylfaenol trwy gydol yr Oesoedd Canol: cynhwysai Ewrop bentrefi gwerinol. Ym mhob man roedd grŵp bach o arglwyddi yn tra-arglwyddiaethu gan fyw ar gefnau'r gwerinwyr.

B Robert Bartlett: *The Making of Europe*

Yn y tri chant a hanner o flynyddoedd rhwng marwolaeth Gruffudd ap Llywelyn (1063) a marwolaeth Owain Glyndŵr (tua 1415) roedd y newidiadau cymdeithasol ac economaidd a ddigwyddodd … yn bwysicach na'r newidiadau militaraidd a pholiticaidd.

C R R Davies: *Conquest, Coexistence and Change 1063-1415*

Yn 1282 ni lwyddodd brenhinoedd Cymru i symud llif bywyd o un cwrs i'r llall … Mae'n wir i'r Cymry gael eu camdrin gan ddeddfau Senedd Lloegr, a chan greulondeb swyddogion Seisnig, ond aeth bywyd yn ei flaen fel ag y gwnaethai o'r blaen.

Ch R T Jenkins: *Yr Apêl at Hanes*

---

1 (a) Ym mha ffyrdd yr oedd bywyd y bobl gyffredin wedi gwella erbyn y 15fed ganrif?
   (b) Ym mha ffyrdd yr oedd eu bywydau wedi aros yr un fath?

2 Pam rydych chi'n meddwl bod haneswyr yn anghytuno ynglŷn â'r prif newidiadau a fu yn yr Oesoedd Canol?

3 Lluniwch linell amser yn dangos y prif newidiadau a ddigwyddodd yng Nghymru rhwng 1000 a 1500.

4 Ysgrifennwch draethawd ar y prif newidiadau gwleidyddol, cymdeithasol ac economaidd a ddigwyddodd yng Nghymru yn ystod y cyfnod hwn.

Geirfa

abad person â gofal mynachlog
archaeolegwyr pobl sy'n astudio olion ffisegol o'r gorffennol

barbican y rhan o'r castell a oedd ger porth y castell a'r bont godi
barwn uchelwr Normanaidd pwysig iawn
bwrdeisiaid pobl a oedd yn byw mewn tref a chanddynt hawliau arbennig

castell consentrig castell sydd â nifer o furiau, un o fewn y llall
cronicl rhestr o ddigwyddiadau pwysig
cynllwyn cytundeb rhwng dau neu fwy o bobl i weithredu yn erbyn rhywun arall

deddf rheol sy'n cael ei gwneud gan frenin neu lywodraeth
Dywysogaeth, y y rhan o Gymru a reolid, ar ôl 1301, gan fab hynaf Brenin Lloegr

esgobaeth ardal eglwysig y mae esgob yn gyfrifol amdani
esgymuno taflu rhywun allan o'r Eglwys

ffreutur neuadd fwyta

goresgyn y gelyn yn dod i mewn i wlad trwy rym
gwaharddiad y Pab yn gwahardd cynnal gwasanaethau Eglwysig

iarll (*llu.* **ieirll**) uchelwr

llawysgrif darn o bapur ac arno eiriau wedi eu hysgrifennu â llaw
llenfur wal castell

magnel peiriant a oedd yn cael ei ddefnyddio i ddymchwel cestyll yn ystod gwarchae
Mers yr hen enw ar y ffin rhwng Cymru a Lloegr
mewnforio dod â nwyddau i mewn i'r wlad

penarglwydd arglwydd sydd â grym dros arglwyddi eraill
pencadlys canolfan sefydliad (e.e. y llywodraeth)
pererindod taith i fan sanctaidd
plwyf ardal eglwysig y mae offeiriad yn gyfrifol amdani
Prif Denantiaid y tirfeddianwyr pwysicaf a fyddai'n dal tir gan Frenin Lloegr
prifysgol canolfan dysg

Sêl Frenhinol darn o gwyr a ddangosai fod y Brenin yn cymeradwyo dogfen
senedd yn yr Oesoedd Canol, cyfarfod yr oedd y Brenin yn ei drefnu er mwyn gwneud penderfyniadau ar faterion pwysig
siryf swyddog lleol
statud gair arall am ddeddf

taeogion pobl gyffredin yn yr Oesoedd Canol a oedd yn cael eu gorfodi i weithio ar y tir
tapestri deunydd sydd wedi ei addurno â lluniau
teyrnas gwlad sy'n cael ei rheoli gan frenin
tir demên y rhan o'r faenor yr oedd yr arglwydd yn berchen arni

ustus llywodraethwr

ymerodraeth grŵp o ddwy neu fwy o wledydd sy'n cael eu rheoli gan un rheolwr

Mynegai